W0233201

Hubert Bruns, Detlef Krüger

Wind und Wetter Spielebuch

Über den Inhalt

Das „Wind und Wetter Spielebuch" ist eine wahre Fundgrube für Windspielzeuge verschiedenster Art. Es trifft das Interesse von jung und alt, die Freude am Basteln und Gestalten und Spaß am Spiel in der freien Natur haben.

Ausführliche Baupläne zeigen, wie leicht und mühelos es ist, Luftdrachen und andere Windspielzeuge selbst herzustellen.
Dabei entstehen Flugmodelle, die ohne Motor auskommen, weil sie die Kraft des Windes nutzen.

Doch auch für windstille Tage gibt es Spielgeräte, die Freude und Spaß bereiten, gerade weil mit ihnen im Freien an der frischen Luft gespielt werden kann.
Alle vorgestellten Modelle sind von den Autoren in vielen fröhlichen Stunden erprobt und für das „Wind und Wetter Spielebuch" als tauglich befunden worden.

Die Autoren

Hubert Bruns, geb. 1925, ist Hobbygärtner, -zeichner und -bastler; er hat das Buch komplett gestaltet.

Detlef Krüger, geb. 1954, ist Diplom-Ingenieur und Volkshochschuldozent; er entwickelte viele Drachenmodelle.

Bernd Konerding-Schember, geb. 1955, ist Ergotherapeut, Lehrer und Volkshochschuldozent.

Hubert Bruns
Detlef Krüger

Wind und Wetter Spielebuch

Lustige
Drachen und viele
andere Spielzeuge für draußen

Unter Mitarbeit von
Bernd Konerding-Schember

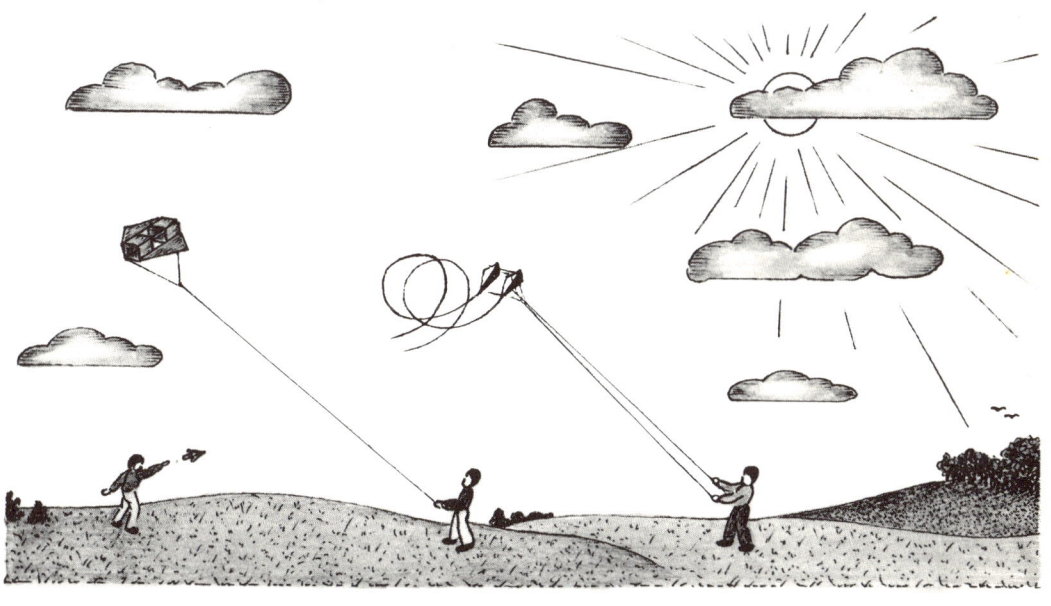

Kösel-Verlag München

Für Carmen

CIP- Kurztitelaufnahme der Deutschen Bibliothek

Bruns, Hubert:
Wind- und-Wetter-Spielebuch: lustige Drachen u.
viele andere Spielzeuge für draußen / Hubert
Bruns; Detlef Krüger. Unter Mitarb. von Bernd
Konerding-Schember. – München: Kösel, 1987.
ISBN 3-466-11084-X

NE: Krüger, Detlef:

© 1987 Kösel-Verlag GmbH & Co., München
Alle Rechte vorbehalten
Graphiken, Layout und Umschlag: Hubert Bruns
Gesamtherstellung: Kösel, Kempten
Printed in Germany
ISBN 3-466-11084-X

Inhalt

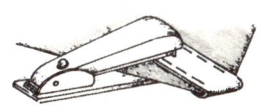
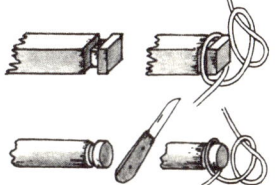

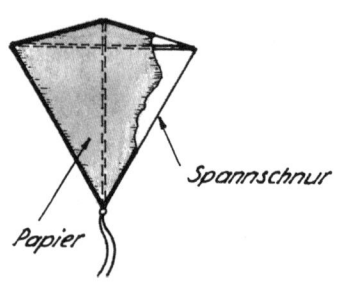

Spannschnur

Papier

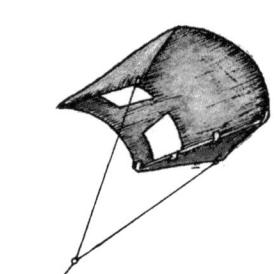

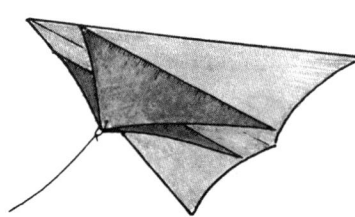

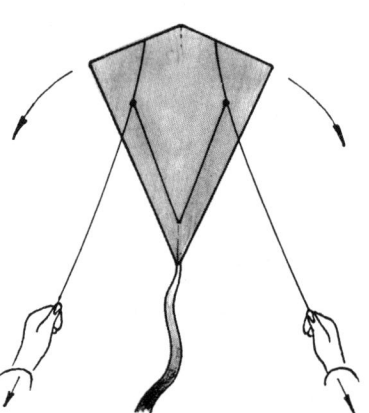

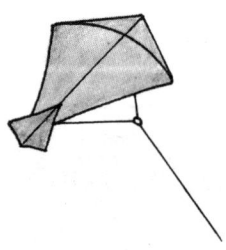

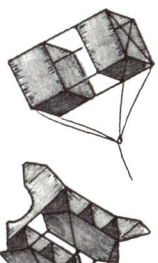

Kastendrachen   79

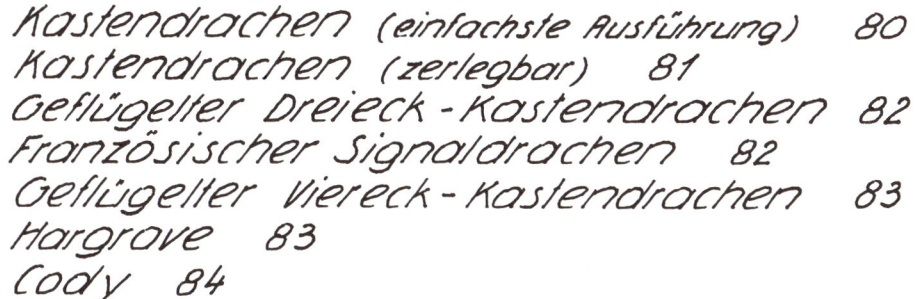

Flexible Drachen   85

Luftfracht   89

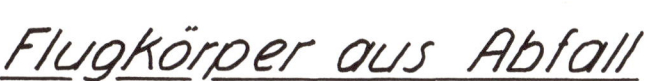

Flugkörper aus Abfall   94

Windspielzeuge   100

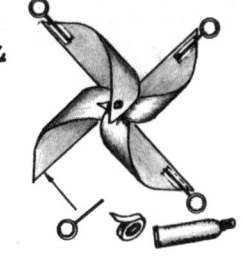

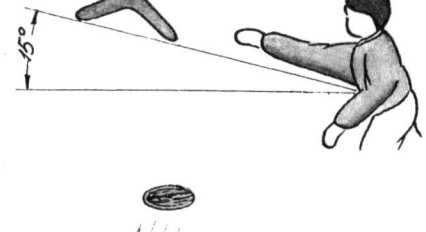

Einleitung

Wind und Wetter gibt es umsonst. Was hält euch also ab, diese natürlichen Elemente neu zu entdecken und mit deren Hilfe zu spielen?

Viele lustige Windspielzeuge, die wir in diesem Spielebuch vorstellen, laden euch dazu ein.

Windspielzeuge brauchen keinen Motor. Ihren An- oder Auftrieb erzeugt der Wind (kostenlos).

Dieses Spielebuch zeigt euch, wie man Drachen baut, mit flinken Segelwagen spannende Wettkämpfe veranstaltet, 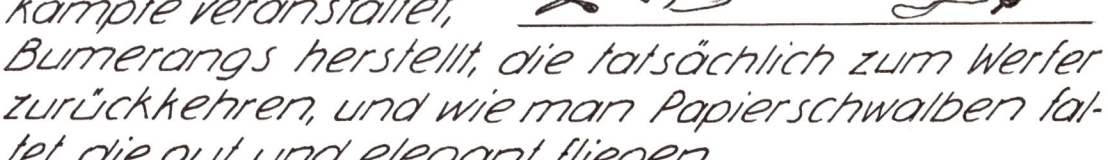 Bumerangs herstellt, die tatsächlich zum Werfer zurückkehren, und wie man Papierschwalben faltet, die gut und elegant fliegen.

Sogar eine Beschreibung für ein Segel ist dabei, das euch bei Wind, auf Roll- oder Schlittschuhen, richtig vorwärtsschiebt.

Und wer lieber träumend bunt schillernden Seifenblasen nachschaut, für den wird die „Blasenmühle" bestimmt das richtige sein.

Das Spielen und Basteln von Windspielzeugen macht Spaß und schafft Entspannung und Freude.

Mit Hilfe der erklärenden Abbildungen und der ausführlichen Baupläne wird es euch ohne Schwierigkeiten gelingen, Windspielzeuge verschiedenster Art einfach und preiswert anzufertigen.

Wir hoffen, daß mit unseren Vorschlägen unter euren Händen „windige Gesellen" und windbewegte lustige Spielzeuge entstehen, die euch selbst und vielen anderen draußen in der freien Natur Spaß und Freude bereiten.

Auf den folgenden Seiten erfahrt ihr unter anderem, daß nicht nur Schiffe einen Kiel haben und daß Trimmen nicht immer etwas mit Joggen zu tun haben muß.
Und wenn ihr glaubt, daß Delta nur ein griechischer Buchstabe ist, so laßt euch eines Besseren belehren.
Und jetzt haben wir hoffentlich genug Neugierde geweckt, damit ihr weiterblättert und feststellt, wieviel Freude es macht, sich mit Wind und Wetter spielerisch zu vergnügen.

Die Autoren

Allgemeines über Drachen

Drachen und Windspiele sind keine Erfindungen unserer Zeit. Schon lange vor der Zeitwende interessierten sich Menschen für das Spiel im und mit dem Wind.

Auch der venezianische Weltreisende Marco Polo berichtete von seiner Asienreise im Jahre 1295 über bunte, lustig flatternde „Fluggebilde", die, an einer Leine befestigt, am Himmel standen.

In China (dem wahrscheinlichen Ursprungsland der Luftdrachen) dienten die lustigen Windspiele aber nicht nur dem vergnüglichen Zeitvertreib. So ließ man bei Schiffstaufen einen Drachen aufsteigen. Stieg dieser nicht schnell und zügig empor, sondern stürzte etwa ins Meer, weigerte sich der Kapitän das Schiff zu übernehmen.

Bei einer anderen Zeremonie befestigte man Reisgarben an einem Drachen. Am Himmel schüttelte der Wind die Körner aus den Ähren und verstreute sie über die Felder. Mit diesem Ritual erhoffte man sich eine reiche Ernte.

Feldherren im alten China ließen, in der Hoffnung ihre Feinde zu verjagen, riesige, furchterregende und geräuscherzeugende Drachen aufsteigen.

Auch heute noch schickt man in Asien zu bestimmten Anlässen Drachen in die Luft, z. B. bei Kindtaufen, zum Neujahrsfest (wer am Neujahrsfest einen Drachen fliegen läßt, wird das Jahr über Glück und Erfolg haben) oder bei den berühmten Drachenfesten, wo viele Tage lang der Himmel für Flugkörper „gemietet" ist und jung und alt ihren Spaß an den prächtig verzierten und mit viel Liebe kunstvoll gestalteten fliegenden Modellen haben.

Auch in der übrigen Welt wurden Drachen, bevor sie als fröhliches Kinderspielzeug betrachtet wurden, häufig

Zu wissenschaftlichen Forschungen benutzt.

Riesige Kastendrachen, mit meteoro-logischen Geräten bestückt, lieferten erste Messungen von Windgeschwin-digkeiten in verschie-denen Höhen. Kameras, die in gro-ßer Höhe ausgelöst wurden, machten die ersten aus-

wertbaren Luftaufnahmen.

Benjamin Franklin wies 1752 mit einer leitfähigen Drachen-Schnur – in einem lebensgefährlichen Experiment – die Elektrizität in einem Gewitter nach. Dieser Versuch führte später zur Erfindung des Blitzableiters.

Damit wollen wir es an Hinweisen auf geschichtliche Ereignisse genug sein lassen und uns ganz den Freuden der heutigen „Wind- und Wetter-Spiele" widmen.
Die interessantesten davon stellen wir euch in diesem Buch vor (z. B. wie ihr Papierflieger vom Drachen aus starten könnt).

Unsere dargestellten Windspiele könnt ihr mit einfachen Mitteln nachbauen. Oft braucht ihr dazu kaum mehr als Papier, Schere und Leim.
Alle Modelle sind erprobt und flugfähig.

Ihr werdet erleben, wieviel Spaß euch die Herstellung bereitet und wie schön es ist, euch und euren bunt verzierten „fliegen-den Gesellen" den Wind um die Nase wehen zu lassen.
Drachen und Wind-spiele haben eines gemein-sam: Sie wollen vom Wind bewegt werden, und dazu müssen sie – und auch wir – nach draußen an die frische Luft!

Windstärken (nach Francis Beaufort)

Wind-stärke	Bezeichnung	Beschreibung der Auswirkung	Geschwindigkeit m/s	km/h
0	Windstille	Vollkommene Luftruhe, Rauch steigt senkrecht empor	0 - 0,2	unter 1
1	leiser Zug	Rauch steigt nicht ganz senkrecht empor, Blätter aber noch unbewegt	0,3 - 1,5	1 - 5
2	leichte Brise	Blätter säuseln, Wind im Gesicht gerade spürbar	1,6 - 3,3	6 - 11
3	schwache Brise	Blätter und dünne Zweige bewegen sich, Wimpel werden gestreckt	3,4 - 5,4	12 - 19
4	mäßige Brise	Zweige und dünne Äste bewegen sich, loses Papier wird vom Boden aufgehoben	5,5 - 7,9	20 - 28
5	frische Brise	Größere Zweige und Bäume bewegen sich, auf Seen bilden sich Schaumköpfe	8,0 - 10,7	29 - 38
6	starker Wind	Auch starke Äste bewegen sich, an Hausecken und Drähten hörbares Pfeifen	10,8 - 13,8	39 - 49
7	steifer Wind	Bäume bewegen sich, spürbare Behinderung beim Gehen gegen den Wind	13,9 - 17,1	50 - 61
8	stürmischer Wind	Zweige werden von den Bäumen abgebrochen, erhebliche Gehbehinderung	17,2 - 20,7	62 - 74
9	Sturm	Dachziegel werden von den Häusern abgehoben	20,8 - 24,4	75 - 88
10	schwerer Sturm	Bäume werden entwurzelt, an Häusern schon bedeutende Schäden	24,5 - 28,4	89 - 102
11	orkanartiger Sturm	Verbreitete schwere Sturmschäden	28,5 - 32,6	103 - 117
12	Orkan	Verwüstende Wirkungen schwerster Art	> 32,7	> 118

Einige wichtige Sicherheitsregeln

Zum Drachensteigen benötigt ihr noch keinen „Wind-
spielführerschein"! Damit das noch lange Zeit so bleibt und
sich auch eure Kinder einmal an dem herrlichen Spiel mit
dem Wind erfreuen können, empfehlen wir, folgende
Sicherheitsregeln einzuhalten:

● Laßt bitte nie einen Drachen in der Nähe
von Hochspannungsleitungen steigen.
Berührt der Drachen oder die Zugleine
die stromführenden Drähte, besteht für
euch Lebensgefahr.

● Drachen und Zugleine sind leitfähig. Sie
wirken wie ein Blitzableiter. Laßt
deshalb den Drachen bei einem
drohenden Gewitter zu Hause.

● Ein Drachen am Himmel ist weithin sichtbar.
Er zieht nicht nur eure Augen in Bann, sondern auch Autofahrer, die euer Windspiel
entdecken, können vom Verkehrsgeschehen abgelenkt
werden. Deshalb laßt bitte nie einen Drachen in der Nähe
von Autobahnen, stark befahrenen
Straßen und Bahnkörpern fliegen.

● Flugzeuge, besonders Hubschrauber,
fliegen leider manchmal recht niedrig,
vor allem in Flughafennähe. Haltet des-
halb einen Abstand von mindestens 3 km zu einem Flug-
hafen ein.

● Aus diesem Grund ist die Länge der Zugleine gesetzlich geregelt.
Sie beträgt in Deutschland maximal
100 m, in Großstädten (z.B. Berlin) sogar nur 50 m.

● Nehmt bitte Rücksicht auf alle, die sich durch eure Windspielzeuge belästigt fühlen könnten.
Meidet Naturschutzgebiete. Tiere können einen
Drachen nicht von einem Raubvogel unterschei-
den und geraten in Panik.
Dicht besiedelte Wohngebiete sind unge-
eignete Plätze. Geht lieber auf die Wiese,
an den Strand oder aufs Stoppelfeld.
Oder sucht z.B. bei einer Radtour nach
geeigneten Gegenden, um Drachen steigen zu lassen.

Drachenbautechnik

Fast jeder, der schon einmal einen Drachen gebaut hat, wird dabei folgende Methode angewendet haben:
Zwei Holzleisten werden über Kreuz befestigt, mit einer Schnur umspannt, die Form mit Papier beklebt und mit Leine und Schwanz versehen. Fertig ist der Drachen!

Wie es auch noch anders gemacht werden kann, zeigen wir in diesem Kapitel.

Mit einfachsten Mitteln lassen sich schnell und preiswert Drachenmodelle bauen.

Folienbespannte Windspiele (Mülltüten, Einkaufstaschen) brauchen zum Beispiel keine Spannschnur und kein zimmermannsmäßig angefertigtes Gerüst.
Gewebedrachen lassen sich auch ohne komplizierte Näharbeit leicht herstellen.

Ihr werdet sehen, was mit wenigen Zentimetern Klebeband, einigen Tropfen Klebstoff und dem guten alten Klammeraffen (Bürohefter) alles zu machen ist.

Das verwendete Material soll frei von Fehlern sein (Risse, Löcher, starke Knickfalten o.ä.), denn bei einer unsanften Landung geht zuerst die schwächste Stelle zu Bruch.

Sicherlich wißt ihr, wie umständlich es sein kann, einen daheim fertig gebauten und prächtig gestalteten Drachen mit dem Fahrrad zur nächsten Wiese zu transportieren.

Besser ist es schon, ihr baut eure Modelle so, daß sie für den Transport zerlegbar und für den Start schnell wieder zusammensteckbar sind.

Wie das vor sich geht, steht ebenfalls auf den folgenden Seiten.

Dort erfahrt ihr einiges über Steckverbindungen aus Schlauchstücken, über Einstecktaschen, über die Wahl der richtigen Bespannung und noch vieles mehr.

Falls ihr eigene Modellideen habt, scheut euch nicht, sie einfach auszuprobieren.
Ihr werdet dabei, gewissermaßen spielend, sogar noch etwas über die Physik und das Verhalten der natürlichen „Elemente" Wind und Wetter lernen.

Teile des Drachens

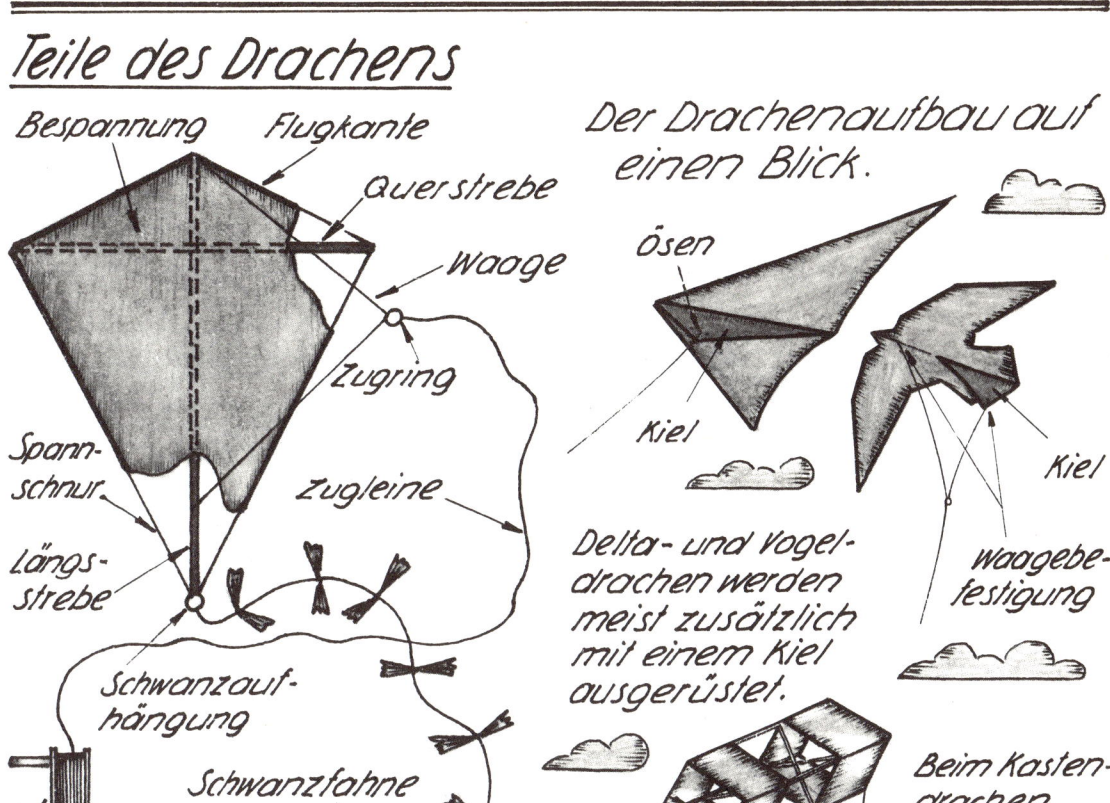

Bespannung Flugkante Querstrebe Waage Zugring Spann-schnur Längs-strebe Schwanzauf-hängung Schwanzfahne Haspel Quast Drachenschwanz Zugleine

Der Drachenaufbau auf einen Blick.

Ösen Kiel Kiel Waagebe-festigung

Delta- und Vogel-drachen werden meist zusätzlich mit einem Kiel ausgerüstet.

Beim Kasten-drachen spricht man vom Gerüst.

Werkzeuge für den Drachenbau

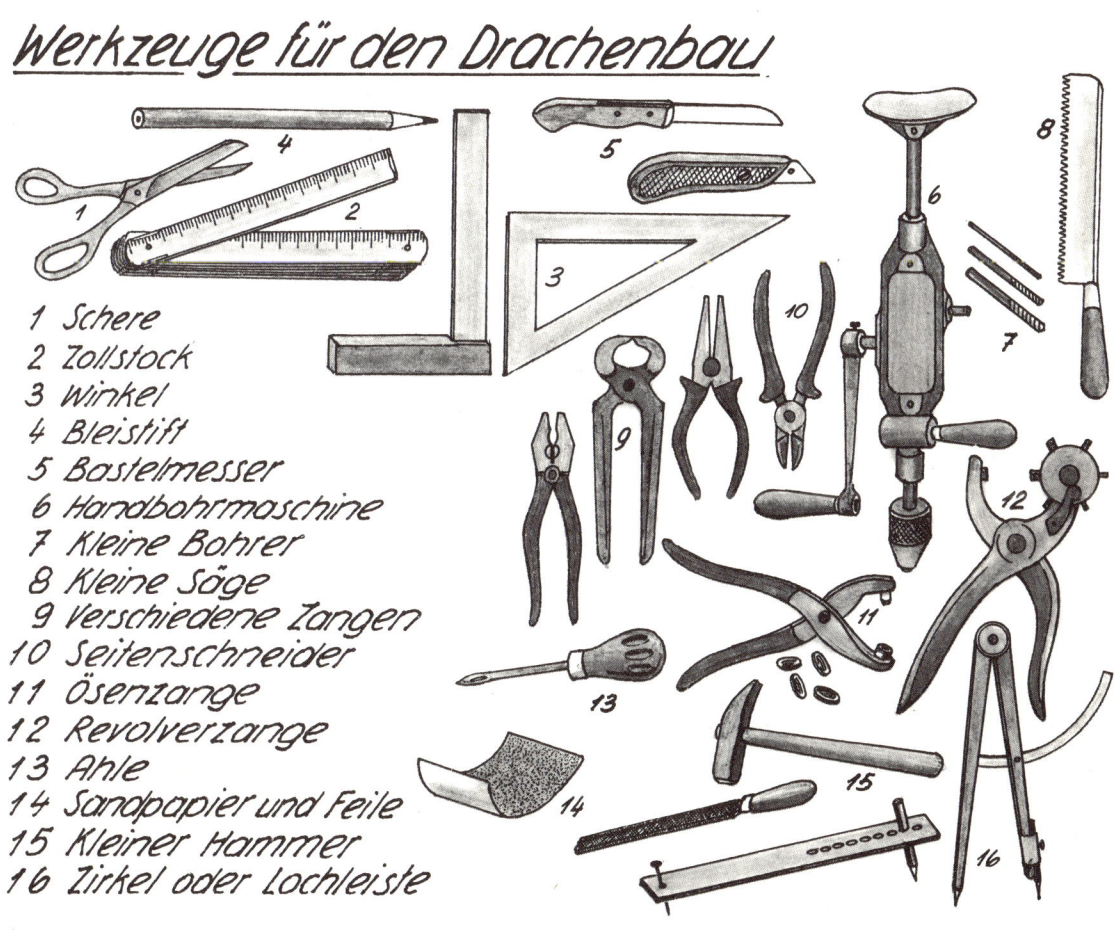

1 Schere
2 Zollstock
3 Winkel
4 Bleistift
5 Bastelmesser
6 Handbohrmaschine
7 Kleine Bohrer
8 Kleine Säge
9 Verschiedene Zangen
10 Seitenschneider
11 Ösenzange
12 Revolverzange
13 Ahle
14 Sandpapier und Feile
15 Kleiner Hammer
16 Zirkel oder Lochleiste

Bespannung

Für die Bespannung könnt ihr alles verwenden, was leicht ist und dem Wind Widerstand entgegensetzt. Die Materialstruktur (glatt oder porös) beeinflußt allerdings das Flugverhalten eurer Modelle.

Das heißt, je luftundurchlässiger ein Bespannungsmaterial ist, desto unruhiger verhält sich der Drachen und zieht entsprechend stärker an den Zugleinen.

Beispiel:
Bei baugleich ausgeführten Modellen und gleichen Windverhältnissen zieht der plastikbespannte Drachen stärker als der mit grobem Leinen bespannte.

Das Plastikmodell neigt bei stärkeren Winden zur Nervosität, während der leinenbespannte Drachen ruhiger fliegt.

Bei schwachen Winden dagegen steigt der Plastikdrachen besser als der leinenbespannte.

Gewebe — Plastik, Papier

starker Wind

Gewebe — Plastik, Papier

schwacher Wind

Beide Bespannungsarten haben also Vor- und Nachteile.

Ihr könnt nun selbst entscheiden, ob euer Drachen schnell und kraftvoll oder ruhig und majestätisch fliegen soll.

Die wichtigsten Bespannungsmaterialien mit ihren Vor- und Nachteilen stellen wir euch im folgenden vor.

Papier: z.B. Zeitungspapier, Packpapier, Seidenpapier, Transparentpapier, Geschenkpapier u.v.a. ist meist recht preiswert.

Leider lassen sich Papierdrachen schlecht zerlegen und ihre Haltbarkeit ist bei stärkeren Winden begrenzt.

Gewebe: Z.B. Baumwolle, Batist, Leinen, Seide, Futterstoff, Taft, Segel- und Fahnentuch widerstehen auch kräftigeren Winden. Die Verarbeitung ist manchmal mit Näharbeit verbunden.

Kunst-
stoffe: Plastikfolien, Müll- und Einkaufstüten, Tyvek, Mylar, Spinnakertuch und Nylon sind recht widerstandsfähig. Ihre Luftundurchlässigkeit belastet das Gerüst. Ihr könnt sie kleben, klammern und nähen. „Kunststoffe" wie Spinnakertuch und Nylon sind allerdings sehr teuer.

Sonstiges
Material: Z.B. Styropor, Einlagen von Obst- und Gemüsekisten u.a. nehmen eine Sonderstellung ein. Es lohnt sich, damit zu experimentieren.

Tabelle für Bespannungsmaterial

Material	Papier	Gewebe	Kunststoff	Sonstiges Material
Geeignet für Windstärke	Leichtwind 1 - 3	Leicht- bis Starkwind 1 - 6	Leicht- bis Starkwind 1 - 6	Leichtwind 1 - 3
Verarbeitungsmethode	Kleben Klebeband	Kleben Nähen Klammern	Kleben Klebeband Klammern	Kleben Stecken
Belastbarkeit der Bespannung	gering bis mittel	mittel bis sehr groß	mittel bis sehr groß	gering bis mittel
Belastung des Gerüsts	gering	gering bis groß	mittel bis groß	ohne Bespannung (mittel)
Gestaltungsmöglichkeit	vielseitig Bemalen Bekleben	Bemalen Färben Stückeln	Bemalen Bekleben Stückeln	vielseitig Bemalen Bekleben Stückeln
Kosten	gratis bis billig	billig bis sehr teuer	billig bis sehr teuer	gratis bis billig

Diese Zusammenfassung enthält nur die gängigsten Bespannungsmaterialien.

Gerüstbau

Für das Gerüst wählt ihr ein leichtes und preiswertes, für euren Drachentyp genügend Stabilität bietendes Material. So genügen für kleinere, leichte Modelle schon dünne Bambusstäbchen. Für Lenkdrachen sollte das Gerüst etwas stabiler sein.

Die folgende Zusammenstellung wird euch helfen, das richtige Strebenmaterial zu finden.

Kunststoffe	wie PVC-Rohre, Glasfiberstäbe, Kohlefaser und Angelruten sind sehr stabil, aber auch recht teuer. Ihr verwendet sie am besten für besonders geformte oder Flugmodelle, die stark strapaziert werden, z.B. Mond- oder Lenkdrachen.
Metall	wie Aluminium- und Kupferrohr könnt ihr gut zur Herstellung von Stabverbindungen, Verlängerungsmuffen und Spitzen verwenden. Für Gerüststreben eignet es sich nur bedingt, weil Aluminium zu weich und Kupfer recht schwer ist.
Holz	ist ein Baustoff, den schon unsere Großeltern mit Erfolg zum Bau von Drachengerüsten verwendet haben. Da ihr diesen Baustoff fast überall preiswert bekommen könnt und er sich einfach verarbeiten läßt, gehen wir an dieser Stelle auf dieses natürliche Material näher ein.

Haselnußstöcke, Weidenruten u.ä. schneidet ihr am besten im Frühjahr. In dieser Jahreszeit stehen sie in Saft und lassen sich gut verformen. Nach dem Austrocknen sind sie leicht und behalten die Form bei, die ihr ihnen vorher gegeben habt.

Fichten- und Hartholzleisten bekommt ihr im Handel. Rundholzstäbe haben meist denselben Durchmesser wie der Innendurchmesser vieler Kunststoffschläuche.

Bambus- oder Tonkinrohr ist leicht, sehr stabil und recht preiswert.
Es eignet sich ausgezeichnet als Strebenmaterial.

Versucht ruhig einmal einen Bambusstab zu zerbrechen.
Ihr werdet feststellen, daß er wegen seiner faserhaften Struktur nie sofort zerbricht.

Wachstumsbedingte Verformungen bei diesen Stäben können ausgeglichen werden, indem ihr sie ca. 30 Minuten in heißem Wasser einweicht.
Im nassen Zustand lassen sie sich dann nach Belieben verbiegen und verformen.

Nach dem Trocknen werden sie ohne Verlust an Festigkeit ihre vorgegebene Form behalten.

Dünne Stäbe könnt ihr leicht verformen, wenn ihr sie über einer Kerzenflamme vorsichtig erwärmt.

Sind eure Stäbe für die Steckverbindung zu dick, schneidet ihr sie entsprechend zu.

Bambus läßt sich spalten. So reicht ein Stab oft für ein ganzes Drachengerüst aus.

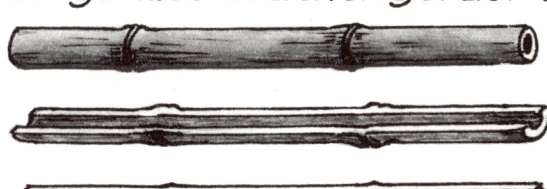

Dazu kerbt ihr den Stab mit einem Messer ein.
In die Kerben legt ihr Hartholzstäbchen und drückt diese durch das Bambusrohr.
Ihr werdet staunen, wie viele widerstandsfähige Leisten aus einem Stab entstehen können.

Zum Schluß ein Tip: Nehmt zum Steigenlassen ruhig einen Reservestab mit.

Drachenschnüre

Wie Angeln ohne Leine nicht möglich ist, so braucht man zum Drachensteigenlassen eine Schnur. Sie hat verschiedene Verwendungszwecke.

Als Waage gibt sie dem Drachen den richtigen Flugwinkel, als Spannschnur die gewünschte Form und erst die Zugleine ermöglicht den Aufstieg eures Flugmodells.

Eine Zugleine soll leicht sein und bei geringem Durchmesser eine hohe Zugfestigkeit besitzen.

Was es an gebräuchlichen Sorten alles gibt, stellen wir euch hier vor.

Einfaserige Schnur: Angelleinen, Nylon-, Perlon- und Dralonschnüre besitzen bei geringem Gewicht und kleinem Querschnitt meist recht hohe Zugfestigkeiten.
Bei Belastung neigen sie dazu sich auszudehnen und sind daher für Lenkdrachen nur bedingt geeignet. Durch ihre mangelnde Elastizität sind einfaserige Schnüre für Waagen und Knotenverbindungen fast immer ungeeignet.

Gedrehte Schnur: Bindfaden, gedrehte Maurerschnur und Zwirn neigen bei Belastung zum Aufzwirbeln. Sie sind für Waagen nicht empfehlenswert.
Da sie sich gut knoten lassen, eignen sie sich bestens als Spannschnüre.

Geflochtene Schnur: Drachenschnur, geflochtene Maurerschnur und Kunstseide sind etwas schwerer als einfaserige Leinen. Meist haben sie in der Mitte noch einen Kernfaden.
Sie bieten bei extremer Belastung größere Sicherheitsreserven.
Sie lassen sich gut knoten und eignen sich gleich gut für Waage, Spannschnur und Zugleine.

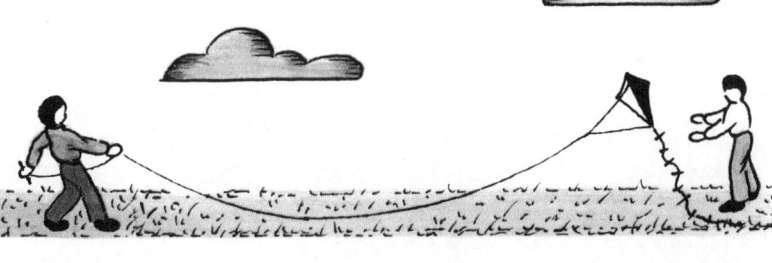

Eine zu schwere Zugleine hindert den Drachen am Aufsteigen.

Eine leichte Zugleine besitzt vielleicht nicht genügend Festigkeit, einen großen Drachen zu halten.

Die Tragfähigkeit und damit verbunden die Zugkraft eures Drachens hängt sehr von der Waageeinstellung und den vorhandenen Windverhältnissen ab.

Verwendet anfangs lieber eine etwas kräftigere Leine. Ihr wollt bestimmt nicht mit eurem Modell, das sich von der Schnur losgerissen hat, Schaden anrichten.

Wir empfehlen daher mindestens eine 1,5 fache Zugfestigkeit der Leinen und Waagen gegenüber der Tragfähigkeit eures Drachens.

Als Faustregel gilt:

1m² Drachenfläche hat bei Windstärke 6 ca. 10 kg Tragfähigkeit. Das bedeutet, daß für einen Drachen mit einer Oberfläche von 1m² eine Zugleinenfestigkeit von mindestens 15 kg erforderlich ist.

Wenn die Schnur, an der euer Drachen zieht, ein singendes oder pfeifendes Geräusch erzeugt, solltet ihr euch nicht daran erfreuen, sondern schnellstens, aber vorsichtig euer Modell einholen.
Dies ist nämlich ein Hinweis dafür, daß eine Schnur die Grenze der Belastbarkeit erreicht hat und kurz davor ist zu zerreißen.

Um ein Verheddern der Schnüre beim Überhandeinholen zu vermeiden, solltet ihr während des Aufwickelns auf den Drachen zugehen.

Knoten

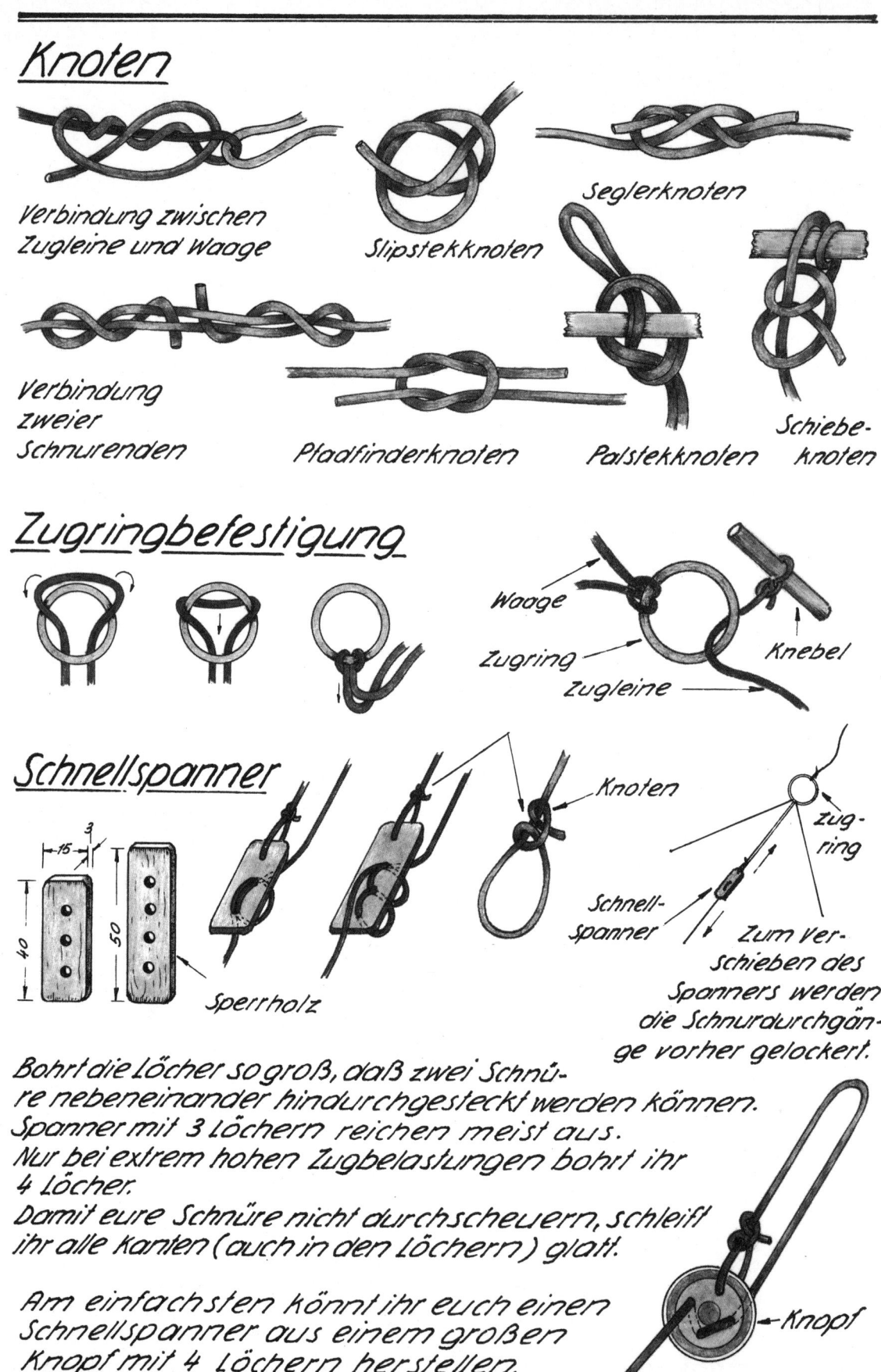

Verbindung zwischen
Zugleine und Waage

Slipstekknoten

Seglerknoten

Verbindung
zweier
Schnurenden

Pfadfinderknoten

Palstekknoten

Schiebe-
knoten

Zugringbefestigung

Waage

Zugring

Zugleine

Knebel

Schnellspanner

Knoten

Zug-
ring

Schnell-
spanner

Zum Ver-
schieben des
Spanners werden
die Schnurdurchgän-
ge vorher gelockert.

Sperrholz

Bohrt die Löcher so groß, daß zwei Schnüre nebeneinander hindurchgesteckt werden können.
Spanner mit 3 Löchern reichen meist aus.
Nur bei extrem hohen Zugbelastungen bohrt ihr
4 Löcher.
Damit eure Schnüre nicht durchscheuern, schleift
ihr alle Kanten (auch in den Löchern) glatt.

Am einfachsten könnt ihr euch einen
Schnellspanner aus einem großen
Knopf mit 4 Löchern herstellen.

Knopf

Schnellspanner sind überall dort von
Vorteil, wo Schnüre öfter in der Länge verstellt werden.

Spannschnurverbindungen

Nicht alle Drachen kommen ohne Spannschnüre aus. Vor allem die mit Papier oder anderem leichten Material bespannten Modelle bedürfen dieser Verstärkung.

Hier einige Vorschläge zur Spannschnurbefestigung:

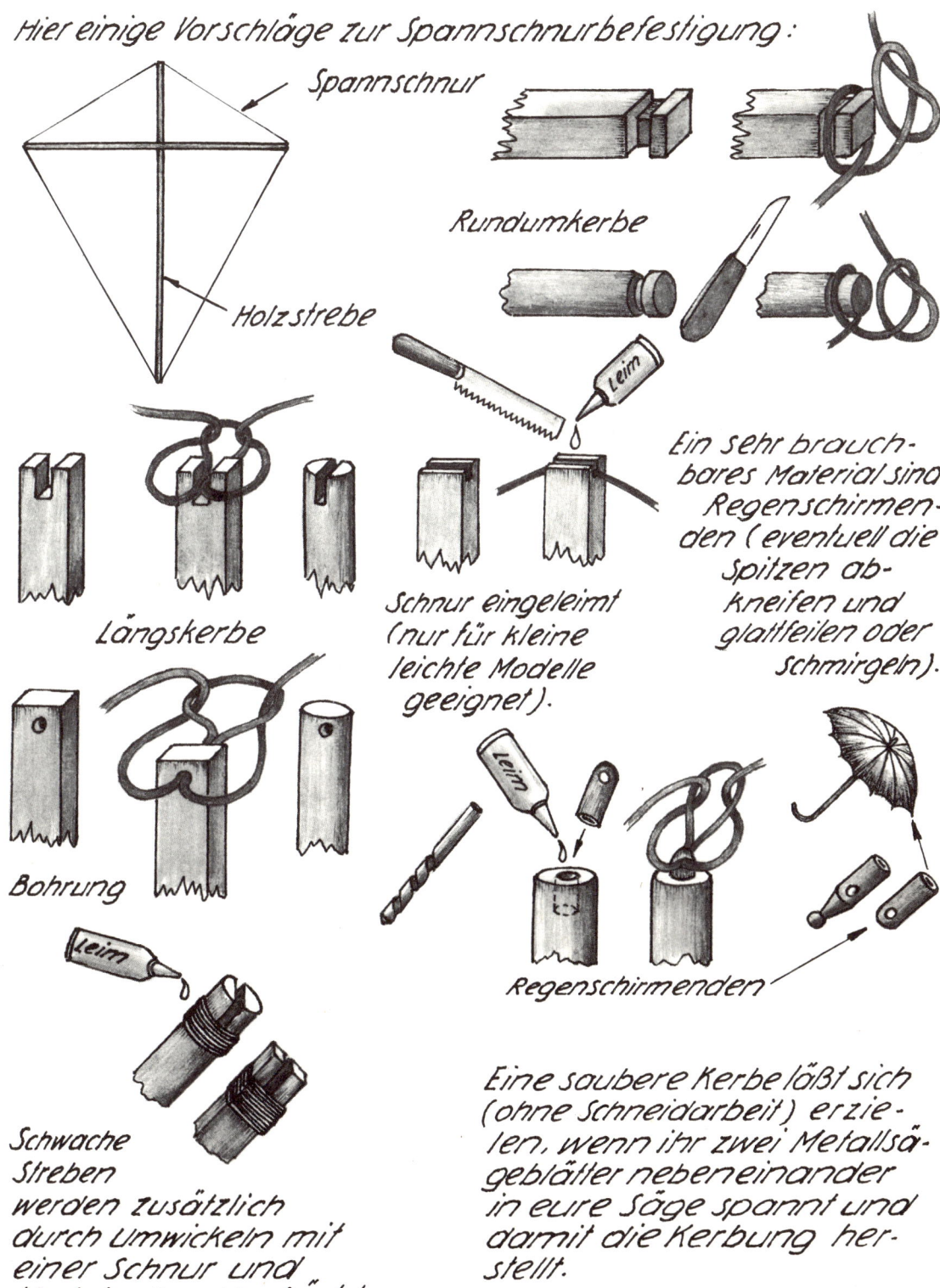

Spannschnur

Holzstrebe

Rundumkerbe

Längskerbe

Schnur eingeleimt (nur für kleine leichte Modelle geeignet).

Ein sehr brauchbares Material sind Regenschirmenden (eventuell die Spitzen abkneifen und glattfeilen oder schmirgeln).

Bohrung

Regenschirmenden

Schwache Streben werden zusätzlich durch Umwickeln mit einer Schnur und Verleimen verstärkt.

Eine saubere Kerbe läßt sich (ohne Schneidarbeit) erzielen, wenn ihr zwei Metallsägeblätter nebeneinander in eure Säge spannt und damit die Kerbung herstellt.

Einstecktaschen

Durch Einstecktaschen macht ihr Drachen zerlegbar.

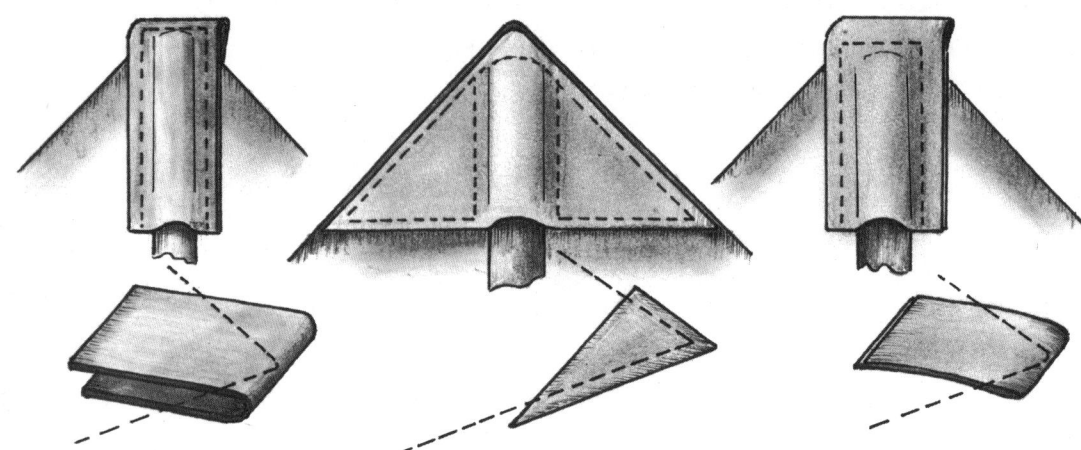

Ledertasche von vorn und hinten vernäht.

Gewebedreieck von hinten vernäht.

Breites Gurtband gefaltet, von hinten vernäht.

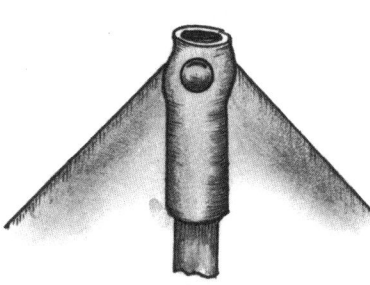

Ring angenäht.

Knopf auf Stiel genäht.

Schlauchstück aufgenietet.

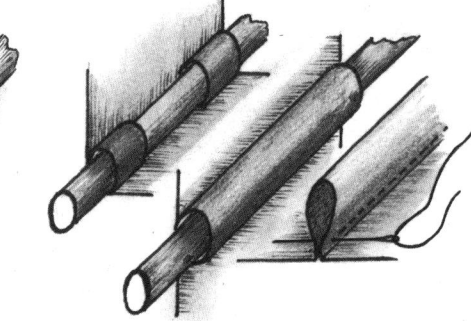

Schlaufe mit Druckknopf angenäht.

Durchgang als Falte genäht.

Bänder angenäht.

In manchen Fällen genügt es auch, die Tasche mit einem Bürohefter aufzuheften.

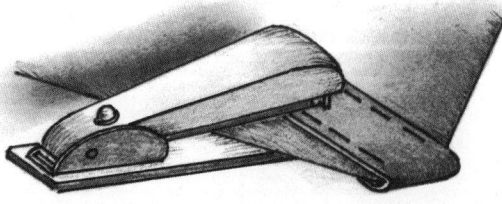

Steckverbindungen

Mit Hilfe von eingeschnittenen oder eingekerbten Schlauchstücken lassen sich die verschiedensten Formen von Steckverbindungen herstellen.

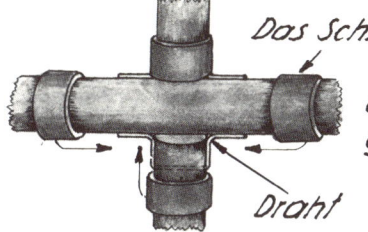

Das Schlauchstück wird über den Draht geschoben.

Draht

Mit Klebeband oder Schnur umwickeln. Schnur anschließend verleimen.

Vorrichtung zur Herstellung spezieller Steckverbindungen für Drachenspitzen.

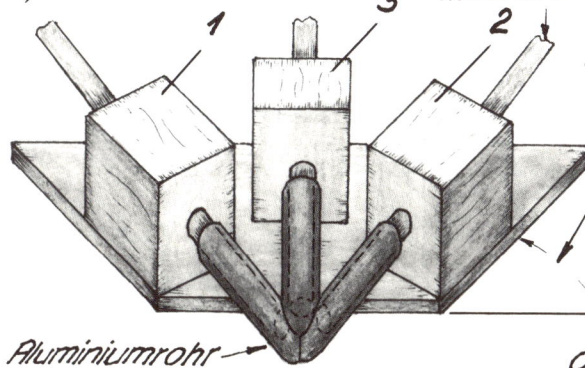

Rundholz

Aluminiumrohr

Grundplattenzuschnitt im gewünschten Winkel.

Ganz nach euren speziellen Wünschen und Bedürfnissen könnt ihr diese Vorrichtung herstellen.

Wenn alle Winkel stimmen, werden die Aluminiumrohre auf die Rundhölzer gesteckt und etwa bis zur Hälfte mit Reparaturharz ummantelt.

Bis zur vollständigen Aushärtung verbleiben die Rohre in der Vorrichtung.

1 und 2

Teil 1 und 2 bekommen eine Bohrung im gewünschten Winkel.

3

In Teil 3 ist die Bohrung immer waagerecht.

Und so sieht dann die fertige Steckverbindung für spezielle Drachen nach der Entnahme aus.

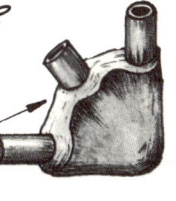

Gewebeverarbeitung

Synthetisches Gewebe könnt ihr gut mit einem Lötkolben zuschneiden. Dabei verschmelzen die Schnittkanten.

Die ganze Arbeit des Umsäumens entfällt.

Besonders gut geht es, wenn ihr vorher aus harter Pappe eine Schablone anfertigt, an der der Lötkolben entlanggeführt wird.

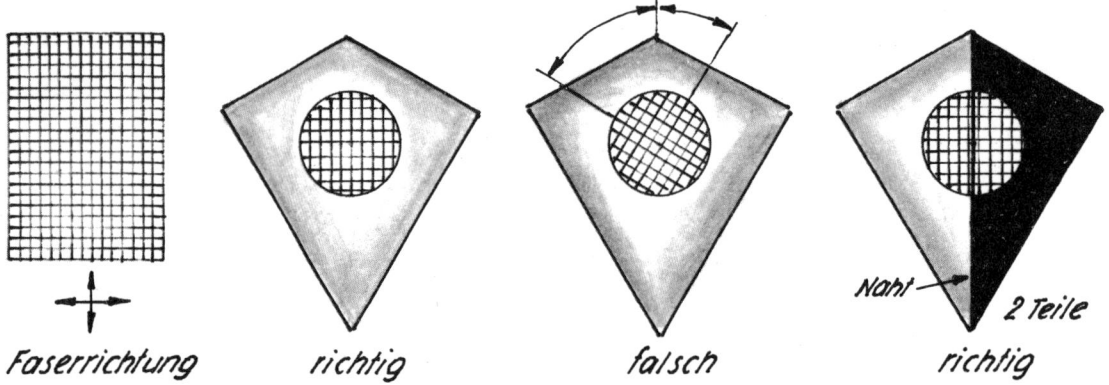

Faserrichtung   richtig   falsch   Naht   2 Teile   richtig

Achtet beim Zuschneiden auf die Faserrichtung. Sie soll symmetrisch verlaufen. Dies gilt besonders für Drachen, die aus mehreren Stücken zusammengesetzt werden.

Anstelle des saumlosen Lötkolbenzuschnitts könnt ihr synthetisches Gewebe auch umsäumen.
Naturfasergewebe muß immer umsäumt werden.

Berücksichtigt deshalb beim Zuschnitt die Maßzugabe.

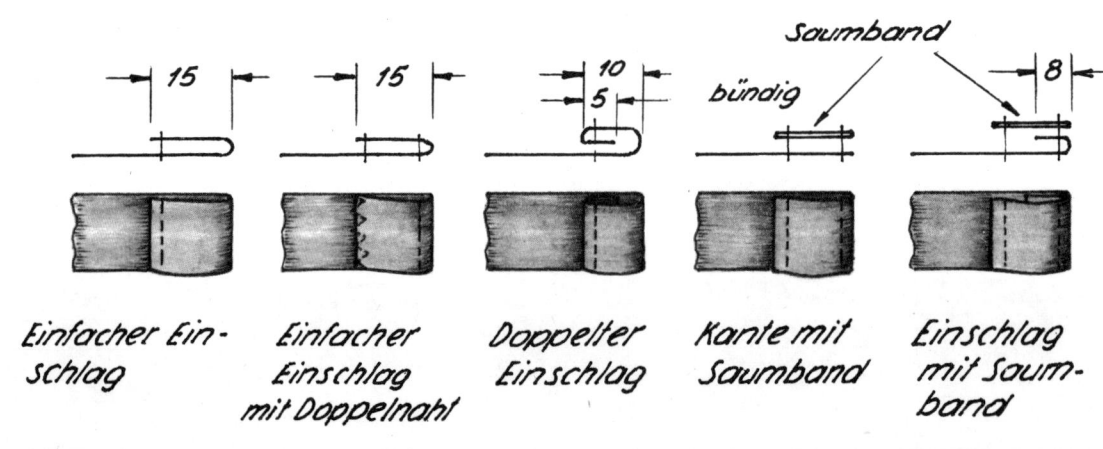

| 15 | 15 | 10 / 5 | bündig / Saumband | 8 / Saumband |

Einfacher Einschlag   Einfacher Einschlag mit Doppelnaht   Doppelter Einschlag   Kante mit Saumband   Einschlag mit Saumband

Verarbeitung von Plastikfolie

Polyesterfolie (Mylar) ist eine sehr stabile und reißfeste Bespannung, die ihr mit einem guten Alleskleber verarbeiten könnt.
Der Zuschnitt erfolgt wie beim Papierdrachen.

Polyesterfolie

PVC-Folie läßt sich nur mit einem Spezialkleber zusammenfügen.

Polyäthylenfolie (Müllbeutel u.ä.) ist in den meisten Fällen stabil genug.

Strebe
Spannschnur

Ohne große Mühe könnt ihr diese Folie mit einem Klebeband verarbeiten.

Klebeband

Polyäthylenfolie

Voraussetzung für eine dauerhafte Verklebung ist, daß die Klebefläche sauber und trocken ist.

Beim Schneiden der Folie mit einer Schere achtet bitte auf eine glatte Schnittführung, denn Schnittzacken können zum Einreißen führen.

Besser ist es, mit einem scharfen Messer an einem Lineal entlangzuschneiden.

Schnittzacken

Bei der Lagerung von Folienbespannungen (zerlegbare Drachen) scharfe Knicke vermeiden. Am besten legt ihr die Folie flach aus oder rollt sie nicht zu eng zusammen.

Papierbespannung

Wie eine Papierbespannung hergestellt wird, zeigen wir hier am Beispiel Sterndrachen.

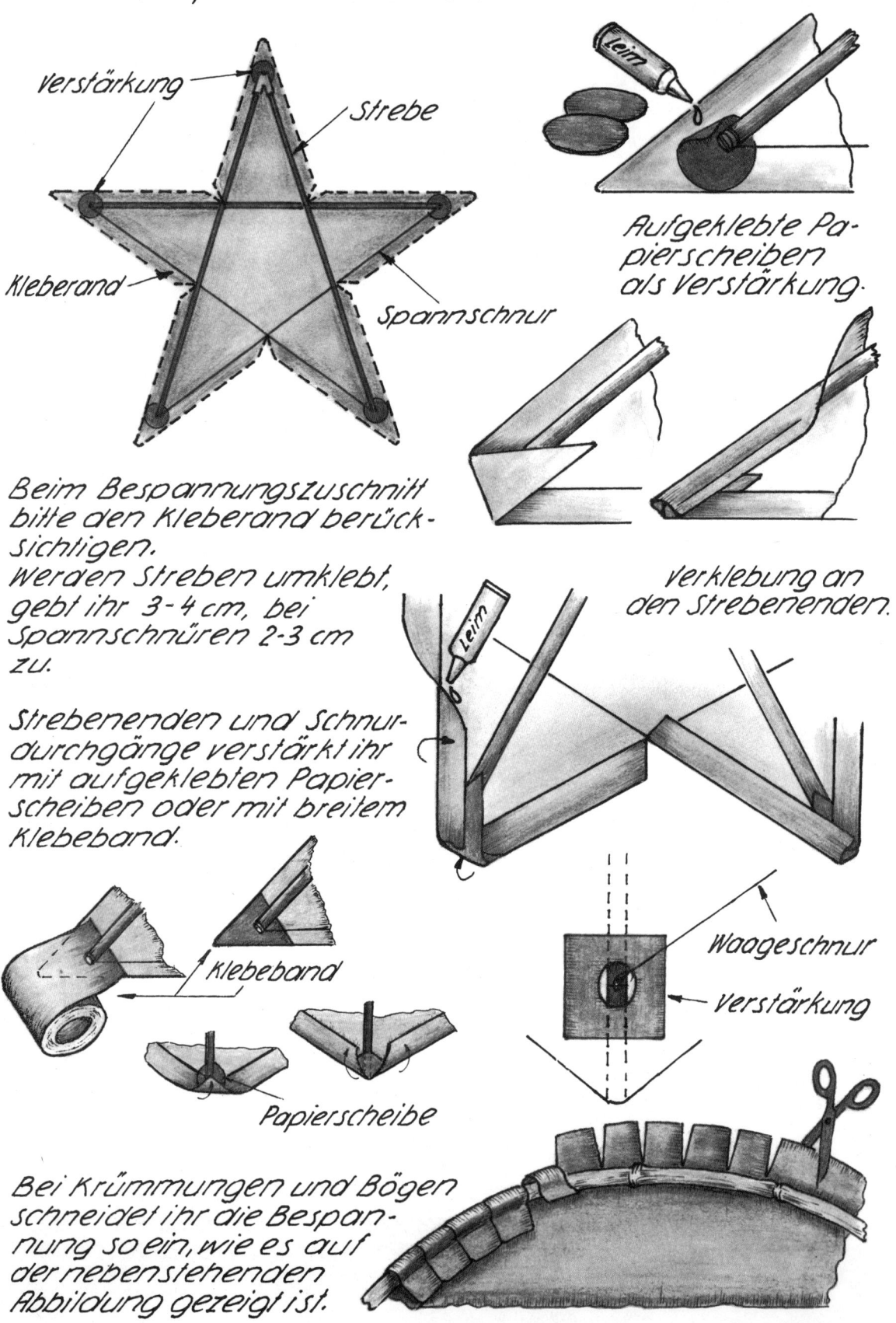

Verstärkung

Strebe

Kleberand

Spannschnur

Aufgeklebte Papierscheiben als Verstärkung.

Beim Bespannungszuschnitt bitte den Kleberand berücksichtigen.
Werden Streben umklebt, gebt ihr 3-4 cm, bei Spannschnüren 2-3 cm zu.

Strebenenden und Schnurdurchgänge verstärkt ihr mit aufgeklebten Papierscheiben oder mit breitem Klebeband.

Verklebung an den Strebenenden.

Klebeband

Papierscheibe

Waageschnur

Verstärkung

Bei Krümmungen und Bögen schneidet ihr die Bespannung so ein, wie es auf der nebenstehenden Abbildung gezeigt ist.

Drachenschwanz

Drachenschwänze dienen in vielen Fällen der Flug-
stabilisierung, wobei nicht das Gewicht, sondern der
Zug, den der Schwanz auf den Drachen ausübt, ent-
scheidend ist. Außerdem macht er euren Drachen
noch attraktiver.

Ein einmal geknick-
tes Stück Papier
oder Gewebe wird
(wie die Abbildung zeigt)
eingeschnitten und auf-
gerollt.

Ihr faltet einen Bogen Papier,
legt eine Schlinge, steckt
das gefaltete Papier durch
die Öse und zieht die Schnur an.

Verschiedene Schwanzformen

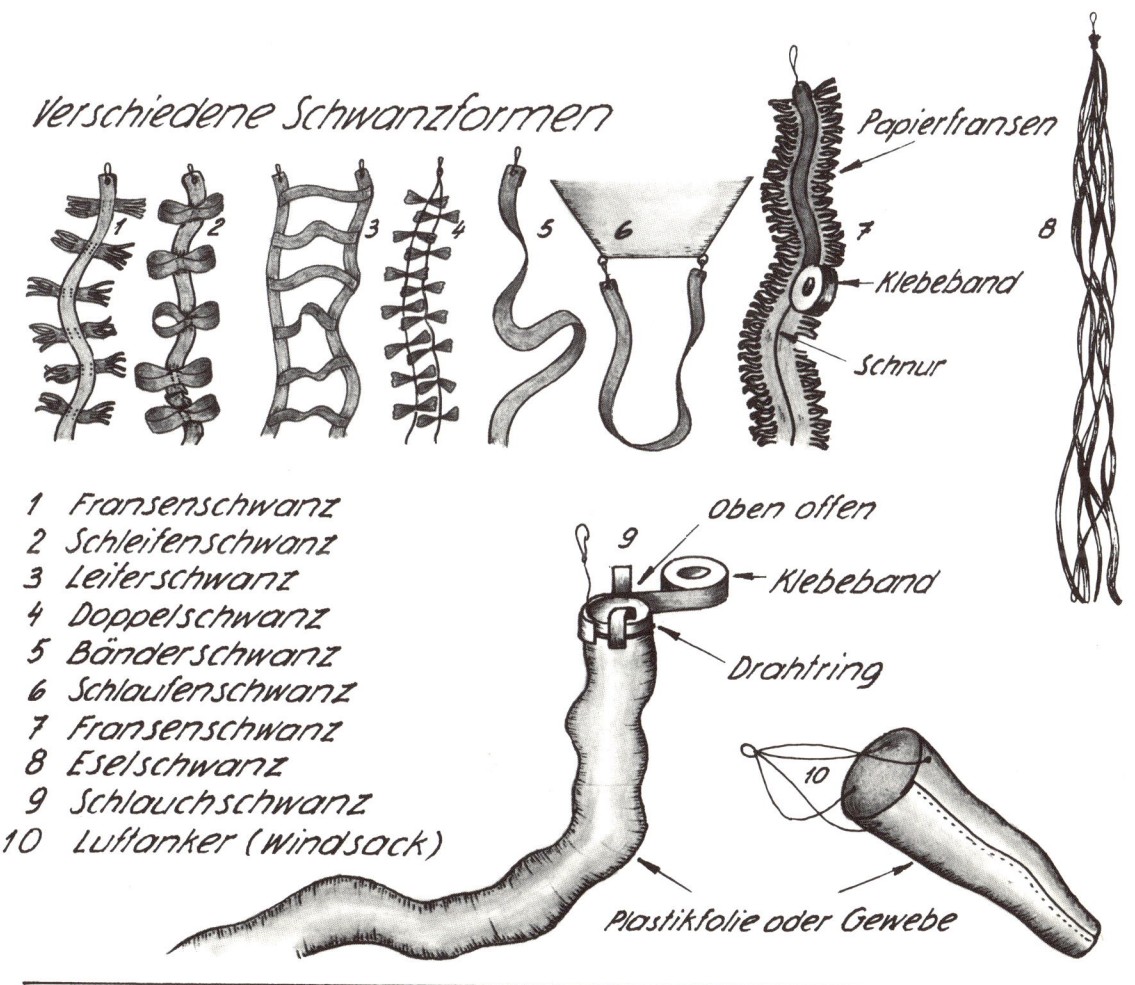

1   Fransenschwanz
2   Schleifenschwanz
3   Leiterschwanz
4   Doppelschwanz
5   Bänderschwanz
6   Schlaufenschwanz
7   Fransenschwanz
8   Eselschwanz
9   Schlauchschwanz
10 Luftanker (Windsack)

Haspel

Ein einfacher Stock kann bereits als Haspel dienen.

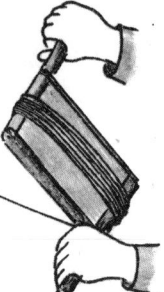

Mehr Spaß am Spiel mit dem Drachen habt ihr aber mit einer richtigen Handwinde. Sie erleichtert wesentlich das Auf- und Abwickeln der Zugleine und ist einfach zu bauen.

Wählt die Haspel nicht zu groß. Ihr könnt zwar mit einer großen Haspel bei einer Umdrehung viel Schnur aufwickeln, braucht dazu aber viel Kraft, und eure Arme ermüden schnell.

Eine richtig dimensionierte Haspel gestaltet das Auf- und Abspulen der Zugleine mühelos. Außerdem könnt ihr viel schneller und besser auf das Drachenverhalten reagieren.

Das Einholen größerer Drachen läßt sich, der hohen Zugkraft wegen, am besten zu Zweit durchführen. Der eine zieht die Schnur mit den Händen an und der andere wickelt sie sofort auf.

Eine zu stramm aufgewickelte Schnur dehnt sich stark und belastet durch ihre Spannung die Haspel sehr.

Beim Einziehen der Zugleine raten wir euch, Handschuhe zu tragen. Dünne Schnüre können böse, schlecht heilende Schnittwunden in den Handflächen verursachen.

Handhaspel

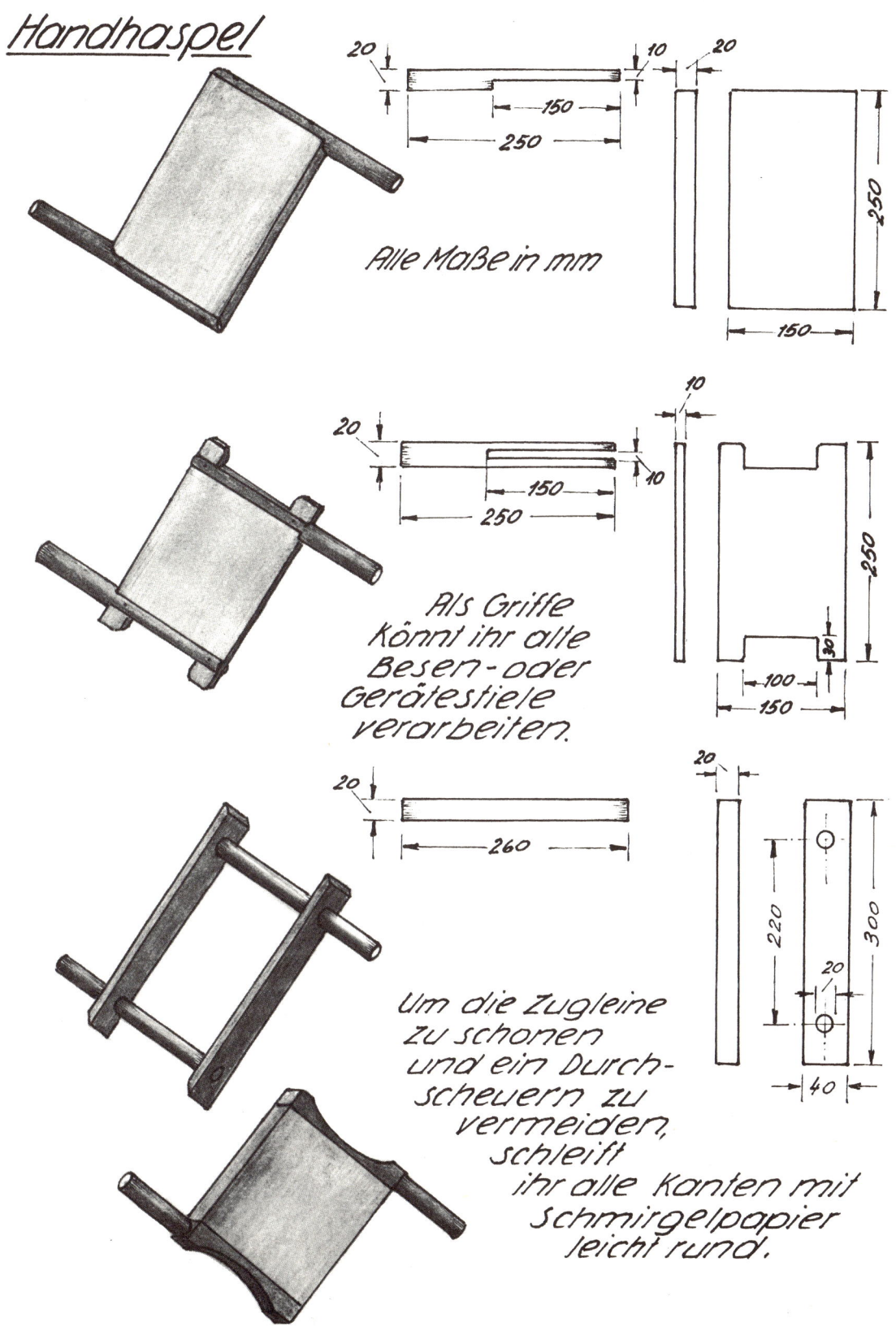

Alle Maße in mm

Als Griffe könnt ihr alte Besen- oder Gerätestiele verarbeiten.

Um die Zugleine zu schonen und ein Durchscheuern zu vermeiden, schleift ihr alle Kanten mit Schmirgelpapier leicht rund.

Gürtelhaspel

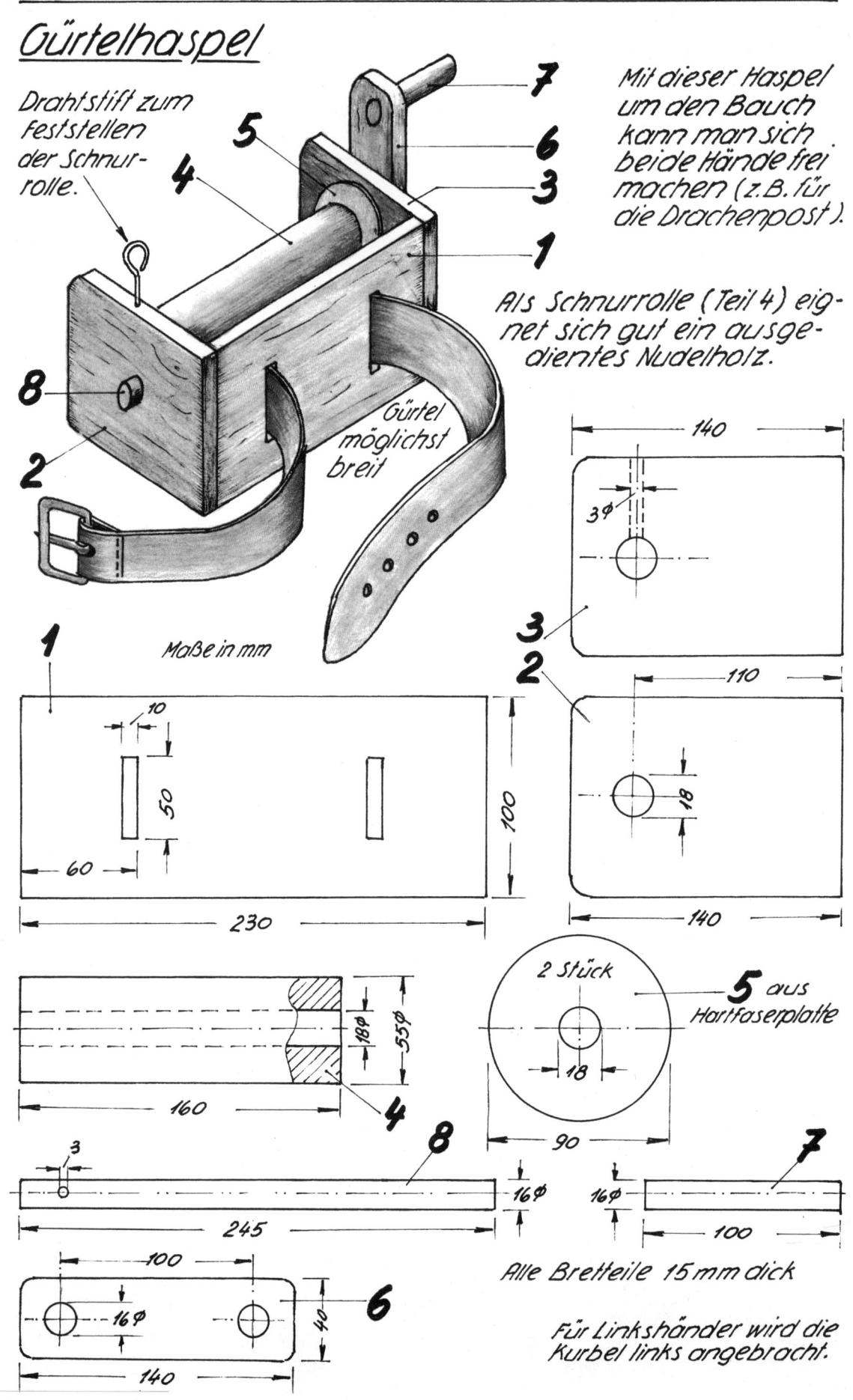

Drahtstift zum feststellen der Schnurrolle.

7
6
5
4
3
1

8
2

Gürtel möglichst breit

Maße in mm

Mit dieser Haspel um den Bauch kann man sich beide Hände frei machen (z.B. für die Drachenpost).

Als Schnurrolle (Teil 4) eignet sich gut ein ausgedientes Nudelholz.

1
10
50
60
230
100

3
140
3∅

2
110
140
18

4
160
18∅
55∅

5 aus Hartfaserplatte
2 Stück
18
90

8
245
16∅

7
16∅
100

6
100
16∅
40
140
3

Alle Bretteile 15 mm dick

Für Linkshänder wird die Kurbel links angebracht.

Zwillingshaspel

Diese schwenkbare Haspel ist hervorragend für Lenkdrachen geeignet.

Stifte zum Feststellen der einzelnen Rollen sorgen dafür, daß beide Hände frei werden.

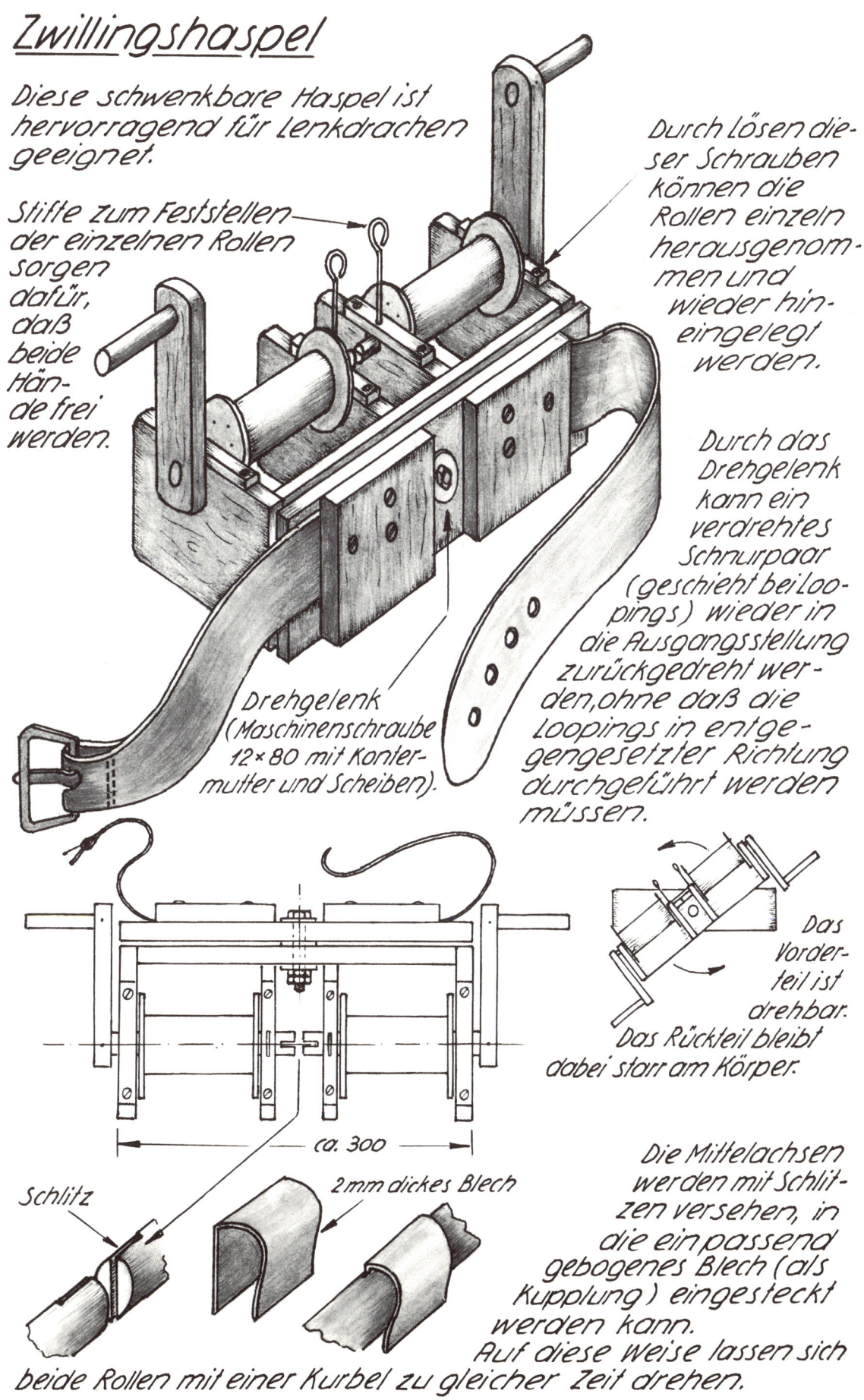

Durch lösen dieser Schrauben können die Rollen einzeln herausgenommen und wieder hineingelegt werden.

Durch das Drehgelenk kann ein verdrehtes Schnurpaar (geschieht bei loopings) wieder in die Ausgangsstellung zurückgedreht werden, ohne daß die loopings in entgegengesetzter Richtung durchgeführt werden müssen.

Drehgelenk (Maschinenschraube 12×80 mit Kontermutter und Scheiben).

Das Vorderteil ist drehbar. Das Rückteil bleibt dabei starr am Körper.

ca. 300

Schlitz

2 mm dickes Blech

Die Mittelachsen werden mit Schlitzen versehen, in die ein passend gebogenes Blech (als Kupplung) eingesteckt werden kann.
Auf diese Weise lassen sich beide Rollen mit einer Kurbel zu gleicher Zeit drehen.

Flugtechnik

Drachen und Flugzeugflügel haben eines gemeinsam: Beide werden durch die Saugwirkung der Luftunterdruckzone nach oben gebracht.

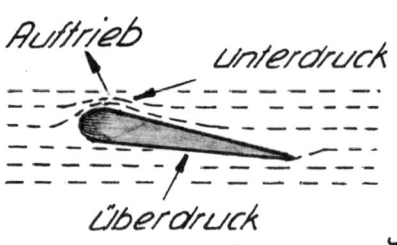

Aber wie entsteht diese Unter- druckzone mit ihrer Saugwirkung?

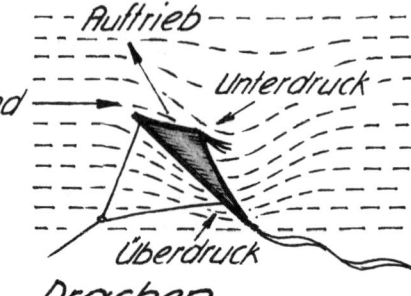

Flugzeugflügel

Drachen

Durch die Luftströmung (beim Flugzeug durch Antriebsaggregate, beim Drachen durch das Halten der Zugleine gegen den Wind erzeugt) entstehen am Flugkörper Zonen mit unterschiedlichen Luftgeschwindigkeiten.
Die Luft im oberen Flugkörperbereich muß einen längeren Weg zurücklegen als die im unteren Bereich.
Deshalb muß sie, um zur gleichen Zeit mit dem übrigen Luftstrom zusammenzufließen, schneller strömen.

Diese schneller strömende Luft bildet eine Unterdruckzone, in der gleichzeitig eine Saugwirkung erzeugt wird, die die Schwerkraft des Flugkörpers aufhebt, ihn nach oben saugt und ihm damit den Auftrieb gibt.

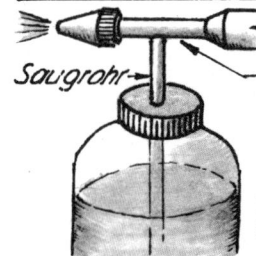

Dickes Rohr
Rohrverjüngung und damit verbunden ein schnellerer Luftstrom mit Unterdruckzone, die die Flüssigkeit nach oben saugt!

Nach dem gleichen Muster arbeitet auch die Spritzpistole.

Strömungsgeschwindigkeiten lassen sich verändern (beim Flugzeug durch Start-und Landeklappen, beim Drachen durch den Einstellwinkel der Waage).

Starker Wind

Schwacher Wind

Durch den Einstellwinkel der Waage läßt sich der Drachen den jeweils gegebenen Windverhältnissen genau anpassen.

Austarieren

Die Voraussetzung für einen gut fliegenden Drachen ist seine symmetrische Form.

Wie ihr diese Form ganz einfach und genau herstellen könnt, zeigen wir auf den folgenden Abbildungen:

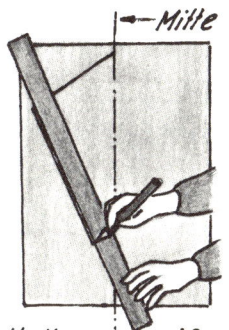
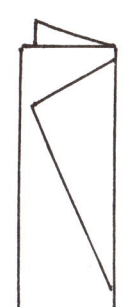
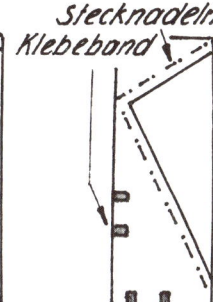
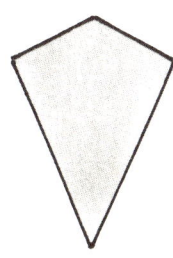

Mitte

Stecknadeln oder...
Klebeband

Wenn erforderlich, bitte die Zugabe für Naht- oder Kleberand nicht vergessen.

Halben Umriß aufzeichnen   Bogen falten   Befestigen und ausschneiden   Auseinanderklappen

Damit euer Drachen gut fliegt, wird er vor dem Start austariert, das heißt, ihr probiert aus, ob das Modell im Gleichgewicht (Symmetrie) ist und die Waageeinstellung stimmt.
Dies alles geht sehr schnell und einfach.

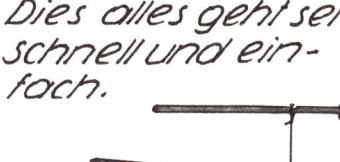

Macht es so, wie die Abbildungen es zeigen.
Nehmt bei größeren Modellen einen Besenstiel zur Hilfe.

Am besten geht das Austarieren an einem windstillen Platz oder im geschlossenen Raum.

Wenn der Drachen nach einer Seite kippt, beschwert ihr ihn auf der anderen Seite so lange, bis er im Gleichgewicht steht.
Bei geringen Gewichtsunterschieden gleichen wir mit Klebeband (unter dem auch kleine Steinchen sein dürfen) auf der Drachenrückseite aus.

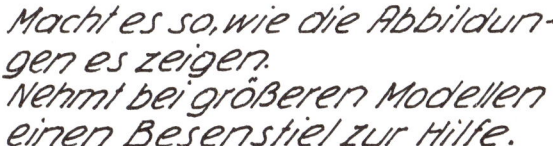

möglichst weit außen

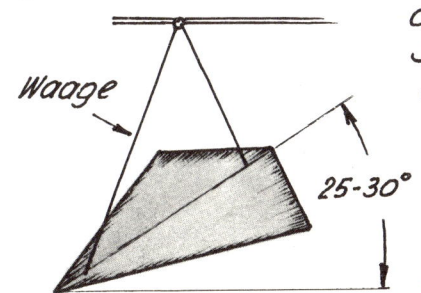

Waage

25-30°

Ist das Gleichgewicht hergestellt, könnt ihr gleich noch die Grobeinstellung der Waage vornehmen.

Steigenlassen

Alle in diesem Buch vorgestellten Modelle steigen bei
ausreichender Brise meist von der Hand aus auf.
Das schließt aber nicht aus, daß der Drachen
manchmal an Ort und Stelle auf den herrschen-
Wind nachgetrimmt werden muß.

Dazu laßt ihr etwa 50 m Zugleine abrollen und haltet
den Drachen gegen den Wind.

Will der Drachen
nicht steigen,
stellt ihr den
Zugring etwas
höher ein.

Steigt der Wind-
vogel schnell
über Kopfhöhe,
befestigt ihr den
Ring etwas tiefer.

Richtig getrimmt
steht der Drachen
bei etwa 0-45°
in der Luft.

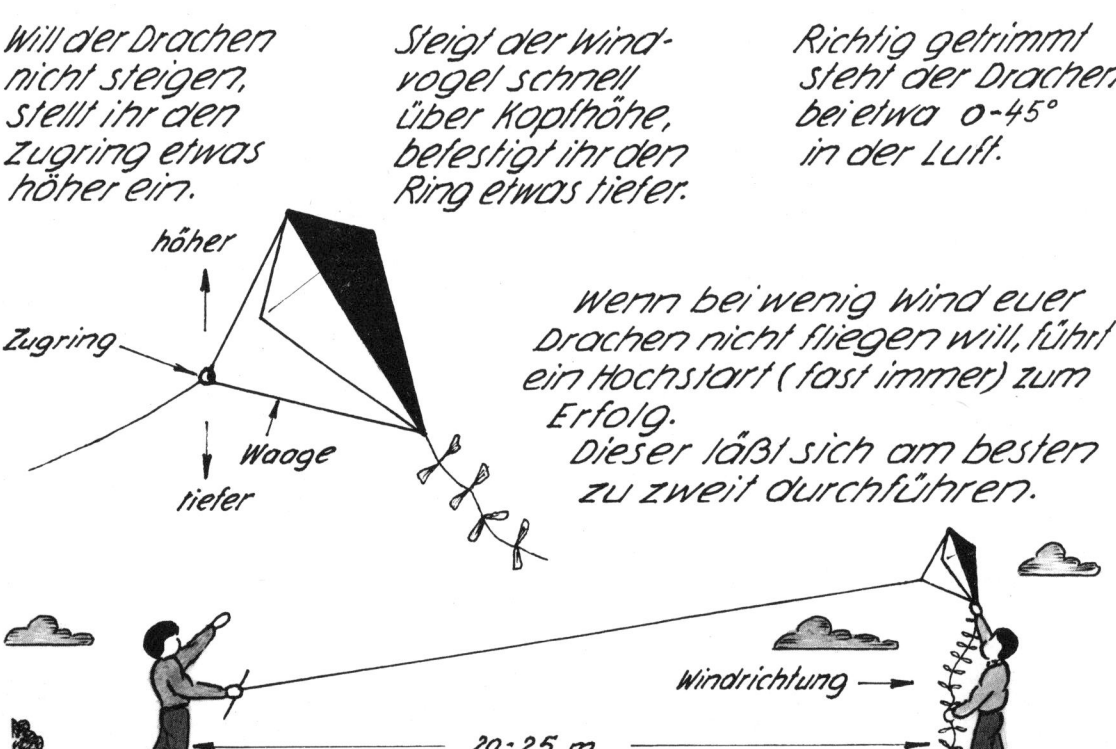

Wenn bei wenig Wind euer
Drachen nicht fliegen will, führt
ein Hochstart (fast immer) zum
Erfolg.
Dieser läßt sich am besten
zu zweit durchführen.

Der Abstand zwischen beiden Personen sollte etwa 20-25 m
betragen, wobei der Drachenhalter mit dem Gesicht zur Windrichtung steht. Er läßt auf ein Zeichen hin den an der
Schnur straff gehaltenen Drachen los. Aufpassen, daß
der Schwanz dabei nicht verheddert wird.

Es bleibt manchmal nicht aus, daß auch einige Meter
gelaufen werden müssen, um den Drachen zu
starten.

Falls euer Drachen dabei auf den Boden fällt, müßt
ihr sofort stehenbleiben.
Ein auf der Erde entlang schleifendes
Modell geht leicht zu Bruch.
Aufwendige (aber vermeid-
bare) Reparaturen sind
die Folge.

Windrichtung

Bei schwachem Wind bietet ein Hanggelände für das
Drachensteigen Vorteile.
Hier ist durch den Aufwind eine bessere
Steigfähigkeit gegeben.

Hochpumpen

Eine Methode, die
sich bei schwachem
Wind gut
bewährt
hat.

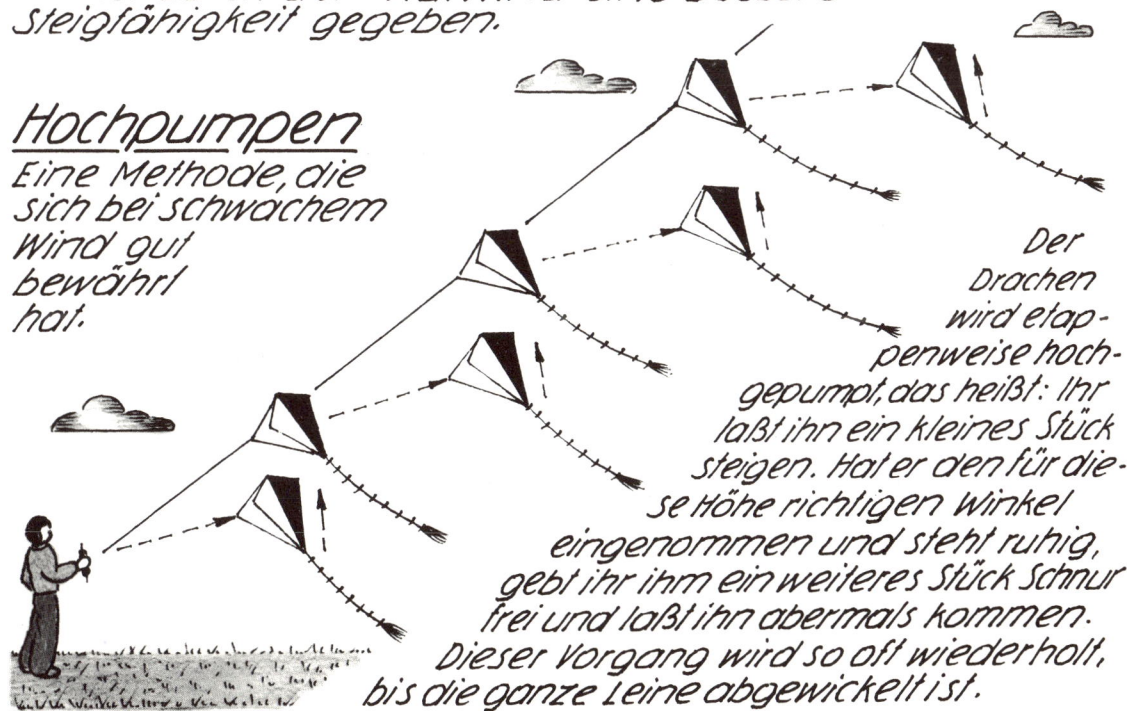

Der
Drachen
wird etap-
penweise hoch-
gepumpt, das heißt: Ihr
laßt ihn ein kleines Stück
steigen. Hat er den für diese Höhe richtigen Winkel
eingenommen und steht ruhig,
gebt ihr ihm ein weiteres Stück Schnur
frei und laßt ihn abermals kommen.
Dieser Vorgang wird so oft wiederholt,
bis die ganze Leine abgewickelt ist.

Flugstörungen

Fliegt euer Drachen nicht so, wie ihr wünscht, haben oft nur Kleinigkeiten daran schuld, denen ihr schnell abhelfen könnt.

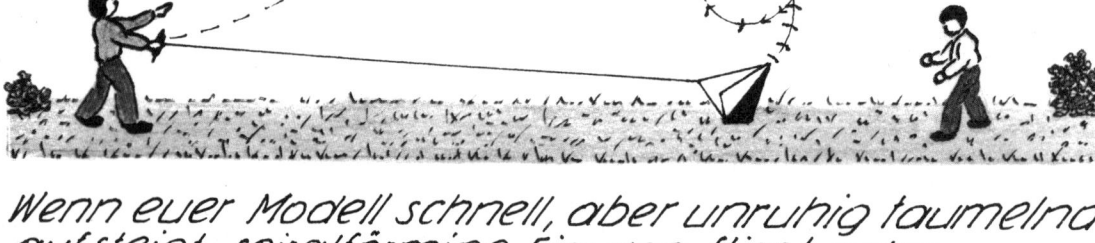

Wenn euer Modell schnell, aber unruhig taumelnd aufsteigt, spiralförmige Figuren fliegt oder sogar abstürzt, ist der Drachenschwanz zu kurz. Er sollte mindestens fünfmal so lang sein als der Drachen.

Gewinnt der Drachen kaum an Höhe, sondern steht zappelnd in der Luft, ist sein Schwanz zu schwer.

Drachenhöhe

1m

Schwanzlänge

5m   Längen-
verhältnis
Schwanz
zum Drachen 5:1

Drachenschwänze verhelfen durch ihren Zug (Bremswirkung) zu größerer Flugstabilität, nicht etwa durch ihr Gewicht.
So zieht (bremst) z. B. ein Windsack mehr als ein Bänderschwanz.

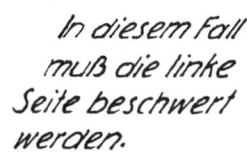

Bricht euer Modell seitwärts aus (Loopings, Stürze o. ä.), stimmt sein Gleichgewicht nicht.
Zum Ausgleich beschwert ihr die gegenüberliegende Seite mit Klebeband, kleinen Steinchen oder ähnlichem.

In diesem Fall muß die linke Seite beschwert werden.

Einfache Drachenmodelle

Eddy

Dies ist der Drachen, den ihr alle kennt. Aber wißt ihr, daß man ihn auch ohne Schwanz fliegen lassen kann, wenn die Querstrebe durchgebogen wird?

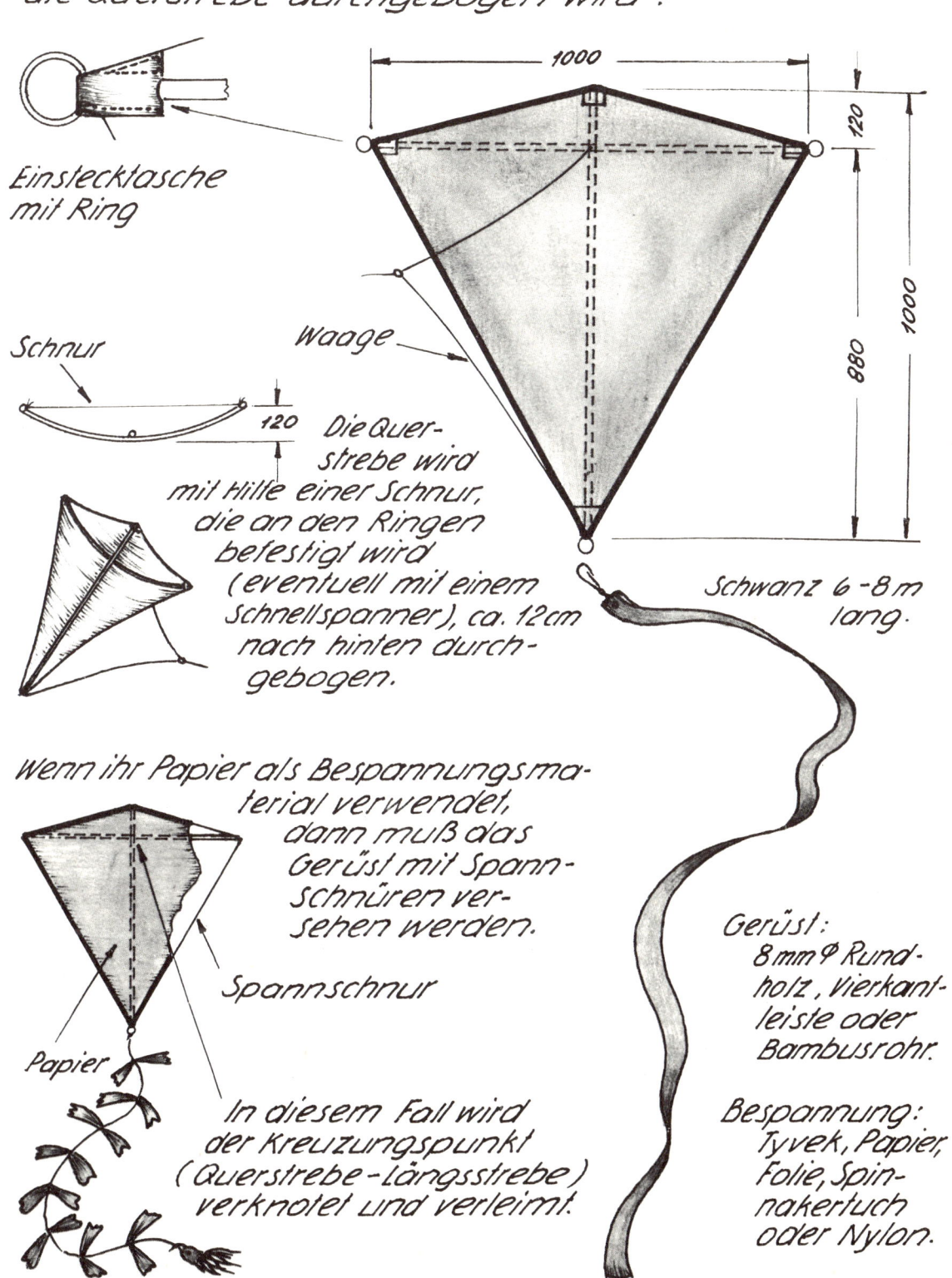

Einstecktasche mit Ring

Schnur

Waage

1000

120

1000

880

Die Querstrebe wird mit Hilfe einer Schnur, die an den Ringen befestigt wird (eventuell mit einem Schnellspanner), ca. 12cm nach hinten durchgebogen.

Schwanz 6 - 8 m lang.

Wenn ihr Papier als Bespannungsmaterial verwendet, dann muß das Gerüst mit Spannschnüren versehen werden.

Spannschnur

Papier

In diesem Fall wird der Kreuzungspunkt (Querstrebe - Längsstrebe) verknotet und verleimt.

Gerüst:
8 mm ⌀ Rundholz, Vierkantleiste oder Bambusrohr.

Bespannung:
Tyvek, Papier, Folie, Spinnakertuch oder Nylon.

Sechseckdrachen

Mit diesem recht einfach zu bauenden Modell könnt
ihr sogar Lasten transportieren.

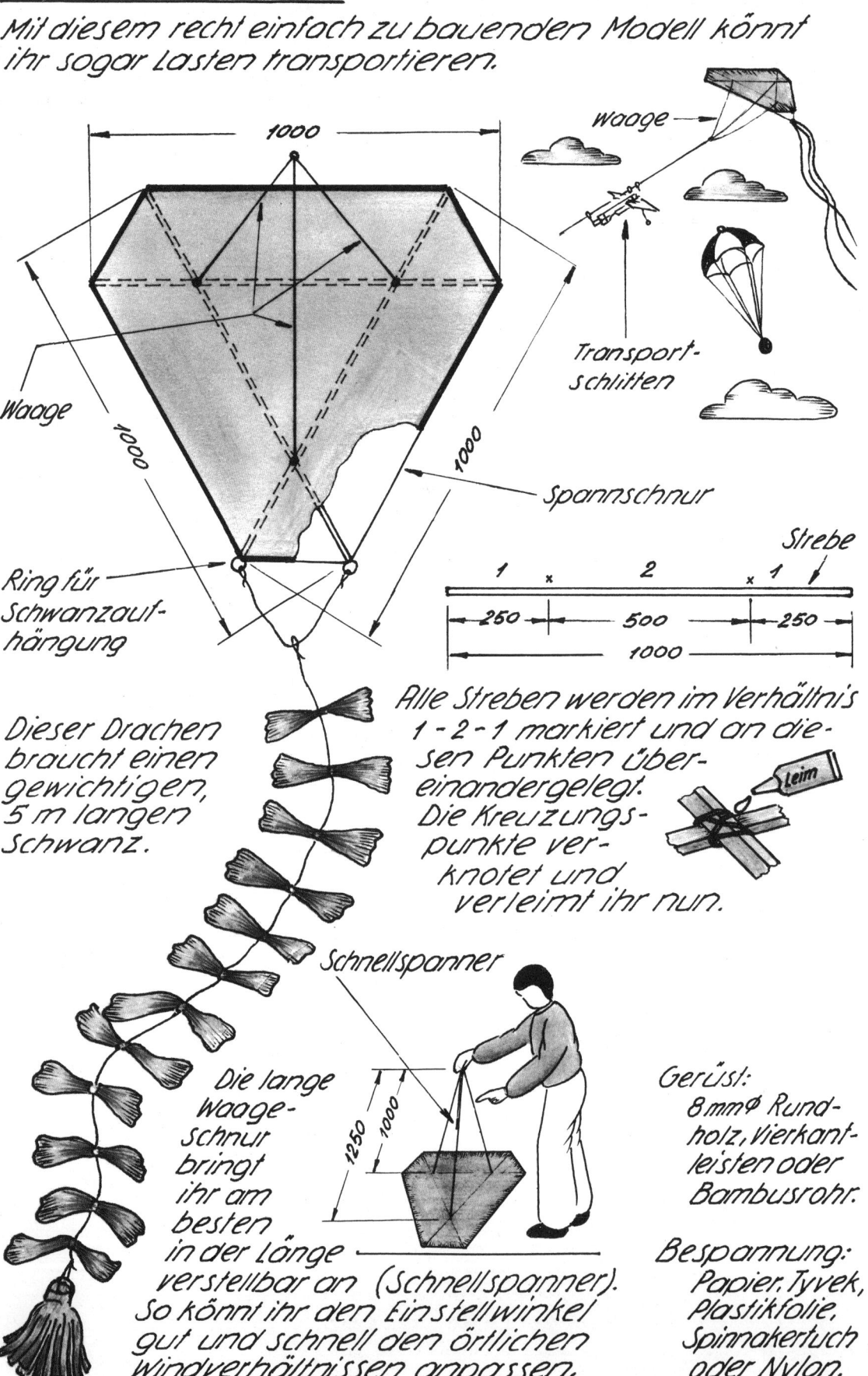

Waage

1000

Transport-
schlitten

Waage

1000

1000

Spannschnur

Strebe

1 × 2 × 1

250 500 250

1000

Ring für
Schwanzauf-
hängung

Dieser Drachen
braucht einen
gewichtigen,
5 m langen
Schwanz.

Alle Streben werden im Verhältnis
1 - 2 - 1 markiert und an diesen Punkten über-
einandergelegt.
Die Kreuzungs-
punkte ver-
knotet und
verleimt ihr nun.

Leim

Schnellspanner

Die lange
Waage-
schnur
bringt
ihr am
besten
in der Länge
verstellbar an (Schnellspanner).
So könnt ihr den Einstellwinkel
gut und schnell den örtlichen
Windverhältnissen anpassen.

1250

1000

Gerüst:
8 mmⵁ Rund-
holz, Vierkant-
leisten oder
Bambusrohr.

Bespannung:
Papier, Tyvek,
Plastikfolie,
Spinnakertuch
oder Nylon.

Monddrachen

So ruhig wie der gute alte Mond am Himmel steht dieser Monddrachen nicht. Er ist eher ein zappeliger und tänzelnder Mond. Deshalb müßt ihr ihn an die Leine nehmen.

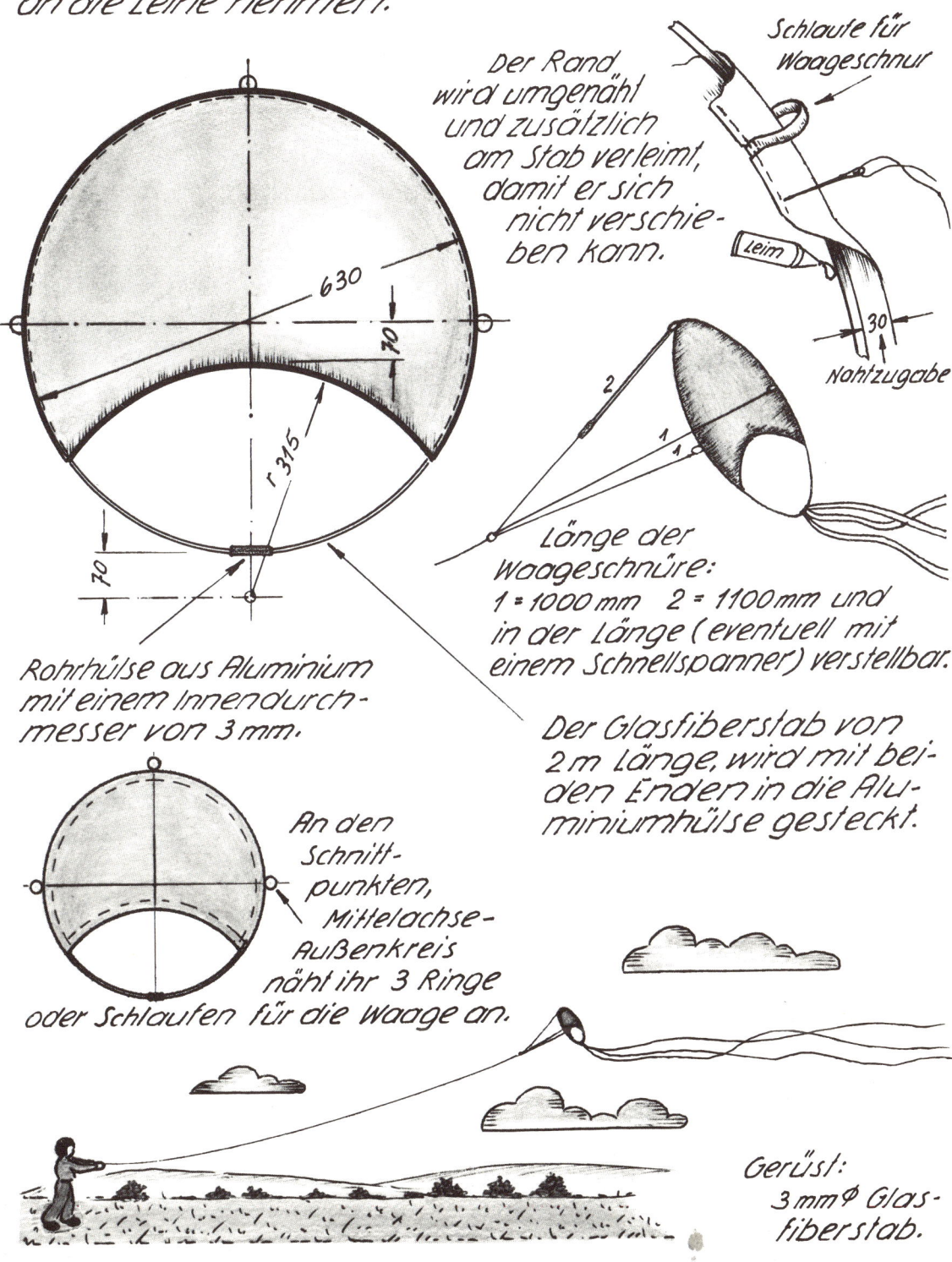

Der Rand wird umgenäht und zusätzlich am Stab verleimt, damit er sich nicht verschieben kann.

Schlaufe für Waageschnur

630

70

r 315

70

Nahtzugabe

30

Leim

Rohrhülse aus Aluminium mit einem Innendurchmesser von 3 mm.

Länge der Waageschnüre:
1 = 1000 mm   2 = 1100 mm und in der Länge (eventuell mit einem Schnellspanner) verstellbar.

Der Glasfiberstab von 2 m Länge, wird mit beiden Enden in die Aluminiumhülse gesteckt.

An den Schnittpunkten, Mittelachse-Außenkreis näht ihr 3 Ringe oder Schlaufen für die Waage an.

Gerüst: 3 mm ⌀ Glasfiberstab.

Gebt dem Monddrachen einen recht langen, aber leichten Schwanz. Das macht ihn besonders attraktiv.

Bespannung: Spinnakertuch oder Nylon.

Fünfzackiger Sterndrachen

Auch er hat, wie sein sechszackiger Bruder, am liebsten wenig Wind, um sich so richtig wohl zu fühlen.

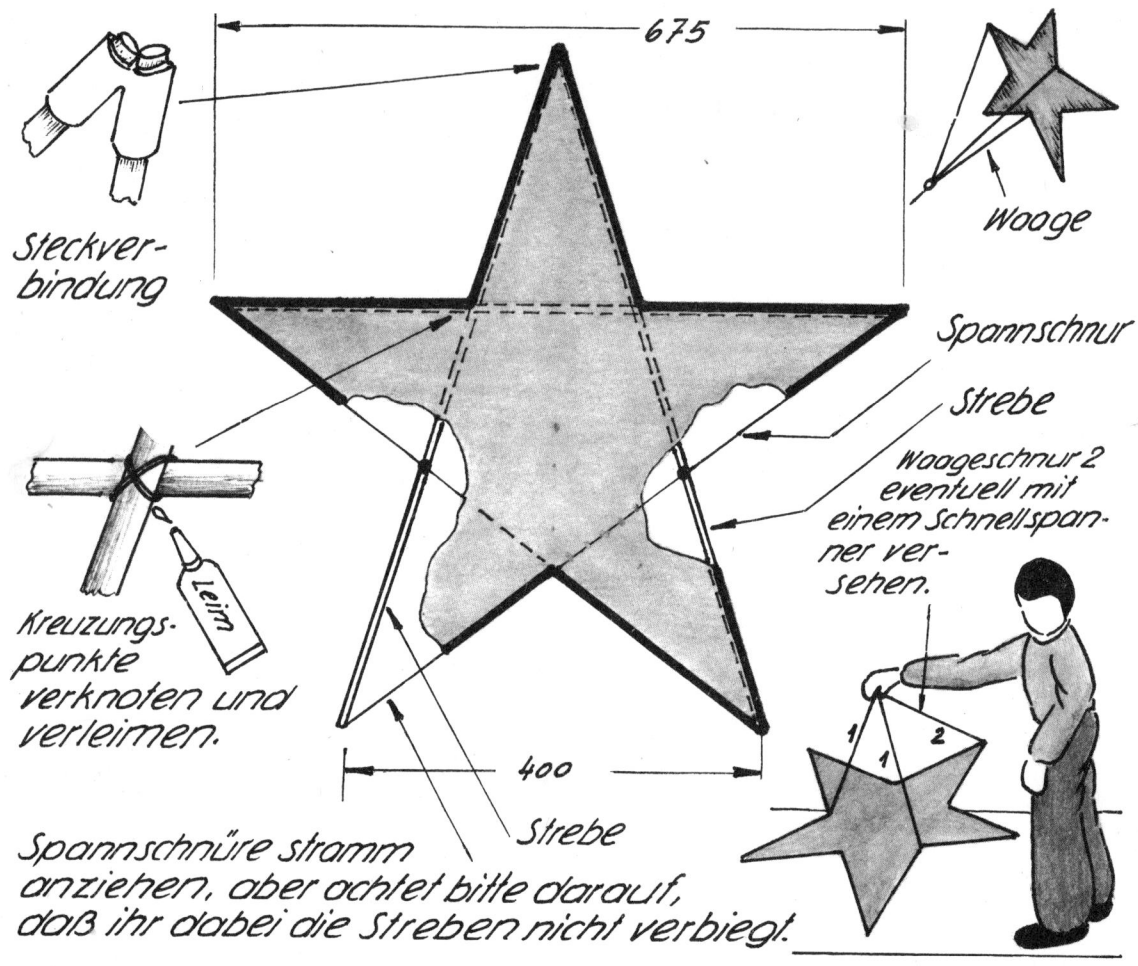

Steckver-
bindung

Waage

Spannschnur

Strebe

Waageschnur 2
eventuell mit
einem Schnellspanner ver-
sehen.

Kreuzungs-
punkte
verknoten und
verleimen.

400

Strebe

Spannschnüre stramm
anziehen, aber achtet bitte darauf,
daß ihr dabei die Streben nicht verbiegt!

Länge der Waageschnüre:
1 = 700 mm, 2 = 1000 mm und
in der Länge verstellbar.

Einfach und genau läßt sich das
Sterngerüst herstellen, wenn es auf
einem Bogen Bespannungs-
material zusammengesetzt
wird, auf dem vorher die Stern-
umrisse aufgezeichnet wurden.

Gerüst:
8 mm Ø Rund-
holz, Vierkant-
leiste oder
Bambusrohr.

Verzierungen in
Form von
Bändern, Fähn-
chen o.ä. könnt
ihr an den Stre-
benenden
befestigen,
wenn ihr sie
vorher durchbohrt.

Bespannung:
Papier, Tyvek
Plastikfolie,
Spinnakertuch
oder Nylon.

Sechszackiger Sterndrachen

Ein Stern am Himmel, der leichten bis mäßigen Wind liebt. Starker Wind macht ihn unruhig.

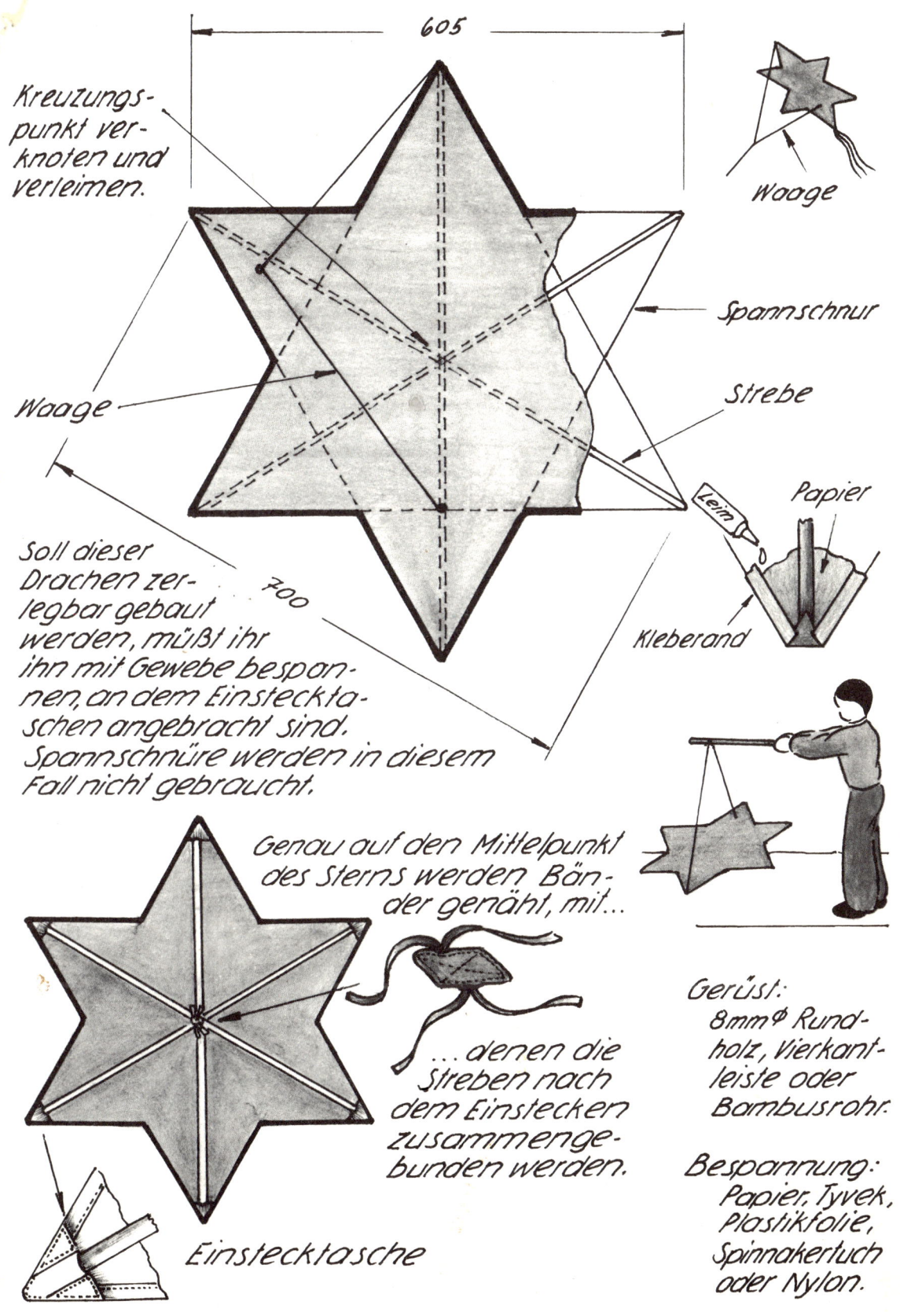

605

Kreuzungs-
punkt ver-
knoten und
verleimen.

Waage

Spannschnur

Strebe

Waage

Papier

700

Kleberand

Leim

Soll dieser Drachen zer-
legbar gebaut werden, müßt ihr ihn mit Gewebe bespan-
nen, an dem Einsteckta-
schen angebracht sind.
Spannschnüre werden in diesem Fall nicht gebraucht.

Genau auf den Mittelpunkt des Sterns werden Bänder genäht, mit...

...denen die Streben nach dem Einstecken zusammenge-
bunden werden.

Gerüst:
8mm Ø Rund-
holz, Vierkant-
leiste oder Bambusrohr.

Bespannung:
Papier, Tyvek, Plastikfolie, Spinnakertuch oder Nylon.

Einstecktasche

45

Regelmäßiges Fünfeck

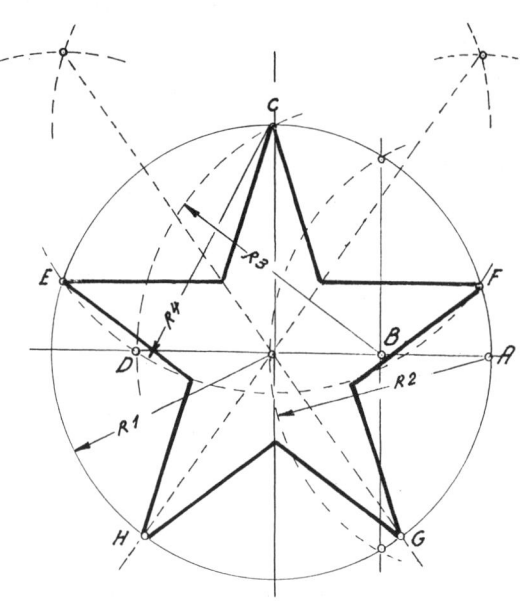

R1 Beschreibe zuerst den äußeren Kreisbogen in der gewünschten Drachengröße.

R2 Schlage einen Kreisbogen von Punkt A aus durch die Mitte und verbinde die Schnittpunkte (großer Kreis-R2) miteinander.

R3 Hierdurch entsteht auf der Mittelachse Schnittpunkt B und durch Zirkelschlag um Punkt B von Punkt C aus der Punkt D.

R4 Ziehe von Punkt C durch Punkt D einen Kreisbogen. Auf dem Außenkreis erhalten wir so die Punkte E und F.

Punkt C, E und F sind die Seiten des gesuchten Fünfecks.

Mit Punkt C und E sowie C und F beschreibe einen Kreisbogen, um Punkt G und H festzulegen.

Regelmäßiges Sechseck

R1 Auch hier wird zuerst ein Kreis in der gewünschten Drachengröße gezogen.

R2 Mit dem Radius R1 ziehen wir von Punkt B aus einen Kreisbogen durch den Mittelpunkt und erhalten so die Punkte A und C.

R3 Der Kreisbogen, von Punkt E aus geschlagen, zeigt an, wo die Punkte D und F liegen.

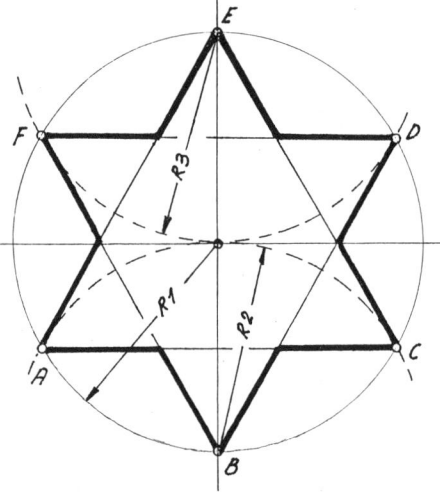

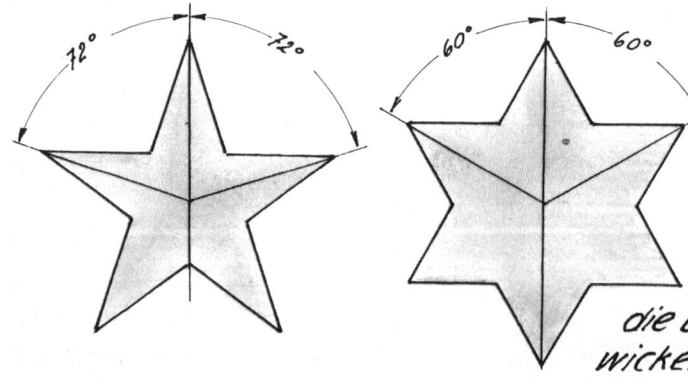

Wem das Zeichnen eines Fünf- oder Sechsecks mit dem Zirkel zu kompliziert erscheint, der kann auch einen Winkelgradmesser zur Hand nehmen und mit Hilfe der Gradeinteilung die Umrisse der Sterne entwickeln.

Schlangendrachen

Seine Bewegungen und sein Aussehen gaben diesem Drachen seinen Namen. Geschmeidig windet und schlängelt er sich, auch bei leichten Winden, den Wolken entgegen.

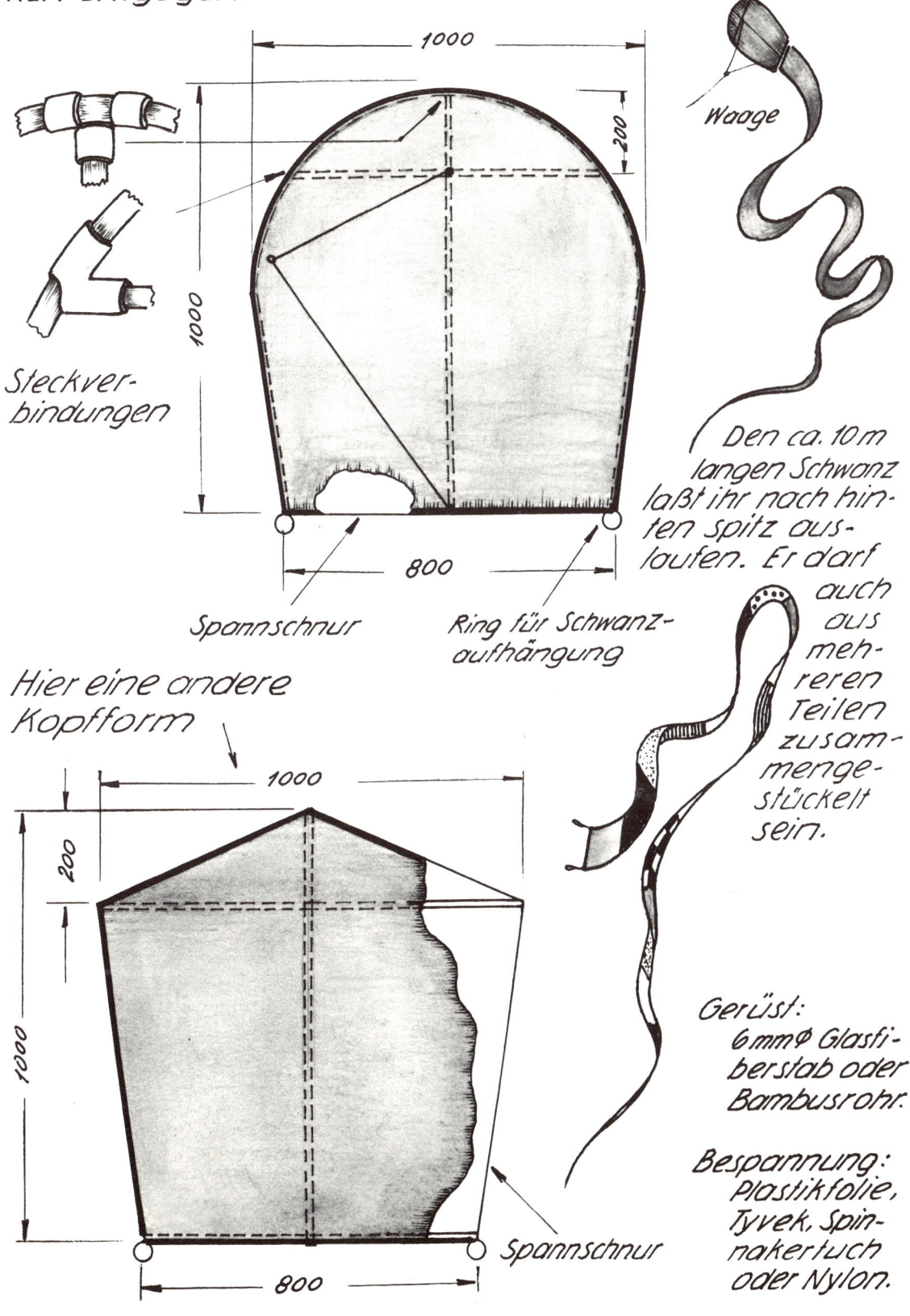

Steckver-
bindungen

1000

1000

200

800

Waage

Spannschnur

Ring für Schwanz-
aufhängung

Hier eine andere
Kopfform

1000

200

1000

800

Spannschnur

Den ca. 10 m
langen Schwanz
laßt ihr nach hin-
ten spitz aus-
laufen. Er darf
auch aus meh-
reren Teilen
zusam-
menge-
stückelt
sein.

Gerüst:
6 mm⌀ Glasfi-
berstab oder
Bambusrohr.

Bespannung:
Plastikfolie,
Tyvek, Spin-
nakertuch
oder Nylon.

Schlittendrachen (Sled)

Mit den Schlittendrachen möchten wir euch Einsteigermodelle vorstellen.
Die Herstellung ist denkbar einfach.
Ihr benötigt nichts weiter als Schere, Klebeband und Zollstock.
Als Bespannung reicht Folie (z.B. Müllbeutel, Einkaufstüten o.ä.) aus und für den Rahmen genügen dünne Holzstäbe.

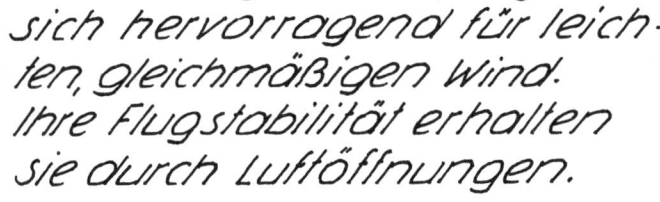

Schlittendrachen (auch Sled's genannt) eignen sich hervorragend für leichten, gleichmäßigen Wind. Ihre Flugstabilität erhalten sie durch Luftöffnungen.

Diese Drachentypen haben, im Gegensatz zu anderen Modellen, kein richtiges Gerüst. Ihre Form gibt ihnen der Wind.

Sled's könnt ihr (wie alle anderen Drachen) koppeln, indem ihr sie mit etwa 10 m Abstand an einer gemeinsamen Haupt-

zugleine befestigt. Stellt ihr die Bespannung aus verschiedenfarbigem Material her (z.B. indem ihr bunte Plastiktüten zusammenstückelt), bieten Sled's ein besonders eindruckvolles Bild am Himmel.

Lange Schwänze, als Verzierung angebracht, geben dem Sled außerdem zusätzlich Stabilität in böigen, starken Winden.

Grauel-Schlitten

Ed Grauel, nach dem dieser Drachen benannt ist, entwickelte Luftöffnungen, die diesem Sled bei unterschiedlichen Windstärken ein stabiles Flugverhalten verleihen.

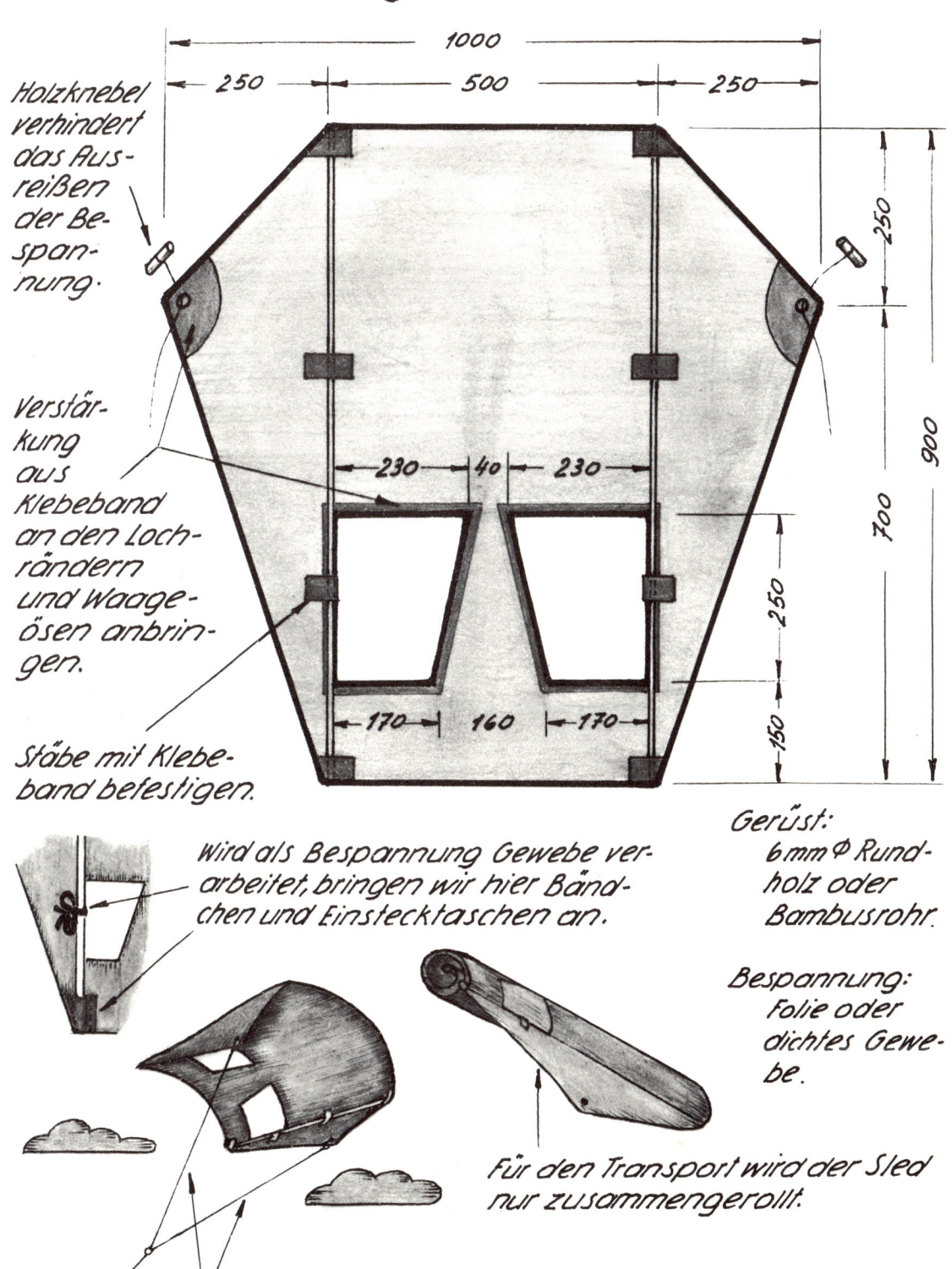

Holzknebel verhindert das Ausreißen der Bespannung.

Verstärkung aus Klebeband an den Lochrändern und Waageösen anbringen.

Stäbe mit Klebeband befestigen.

Wird als Bespannung Gewebe verarbeitet, bringen wir hier Bändchen und Einstecktaschen an.

Gerüst: 6 mm ∅ Rundholz oder Bambusrohr.

Bespannung: Folie oder dichtes Gewebe.

Für den Transport wird der Sled nur zusammengerollt.

Die Waageschnüre müssen mindestens zweimal so lang wie ein Drachenstab sein. Hierfür keine gedrehten Schnüre verwenden.

Doppelschlitten

Der Doppelschlitten ähnelt zwei aneinander gebauten Grauel-Schlitten. Seine Dachplane (mit zwei Außenkielen) ist aus einem Stück.

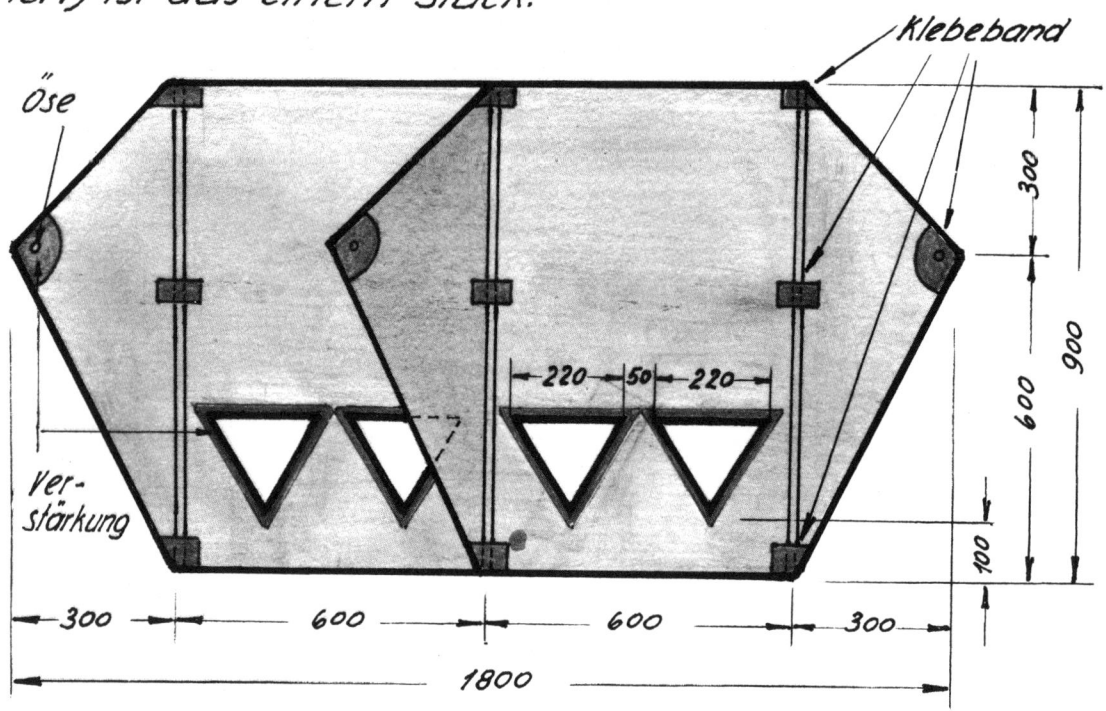

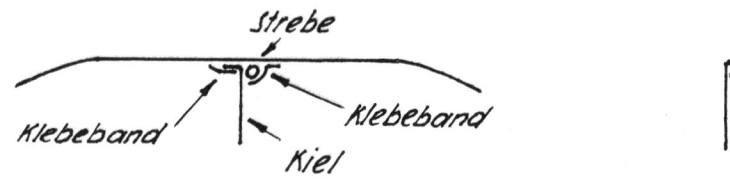

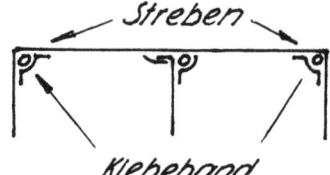

Zuerst klebt ihr die mittlere, dann die seitlichen Längsstreben auf den Zuschnitt. Luftöffnungen und Ösenzonen werden mit Klebeband verstärkt.

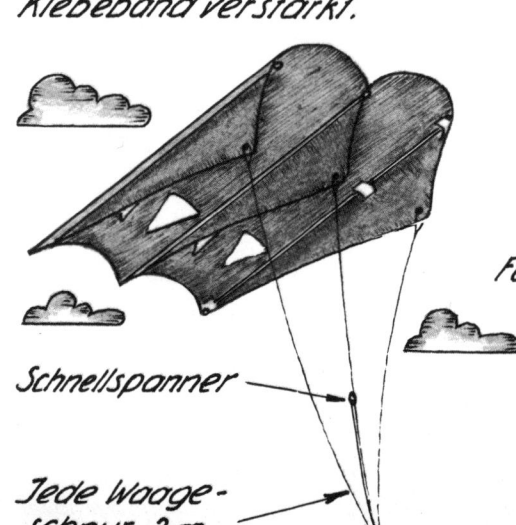

Schnellspanner

Jede Waage-Schnur 2 m lang

Klebeband

Folienbespannung

Gerüst:
6-8mm ⌀ Rundholz oder Bambusrohr.

Bespannung:
Folie oder dichtes Gewebe.

Bei Gewebebespannung werden Bändchen und Einstecktaschen angebracht.

Dreierschlitten

Dieser Drachen entwickelt einen kräftigen Zug und kann als Lastenträger verwendet werden. Die Zugleine sollte entsprechend widerstandsfähig sein.

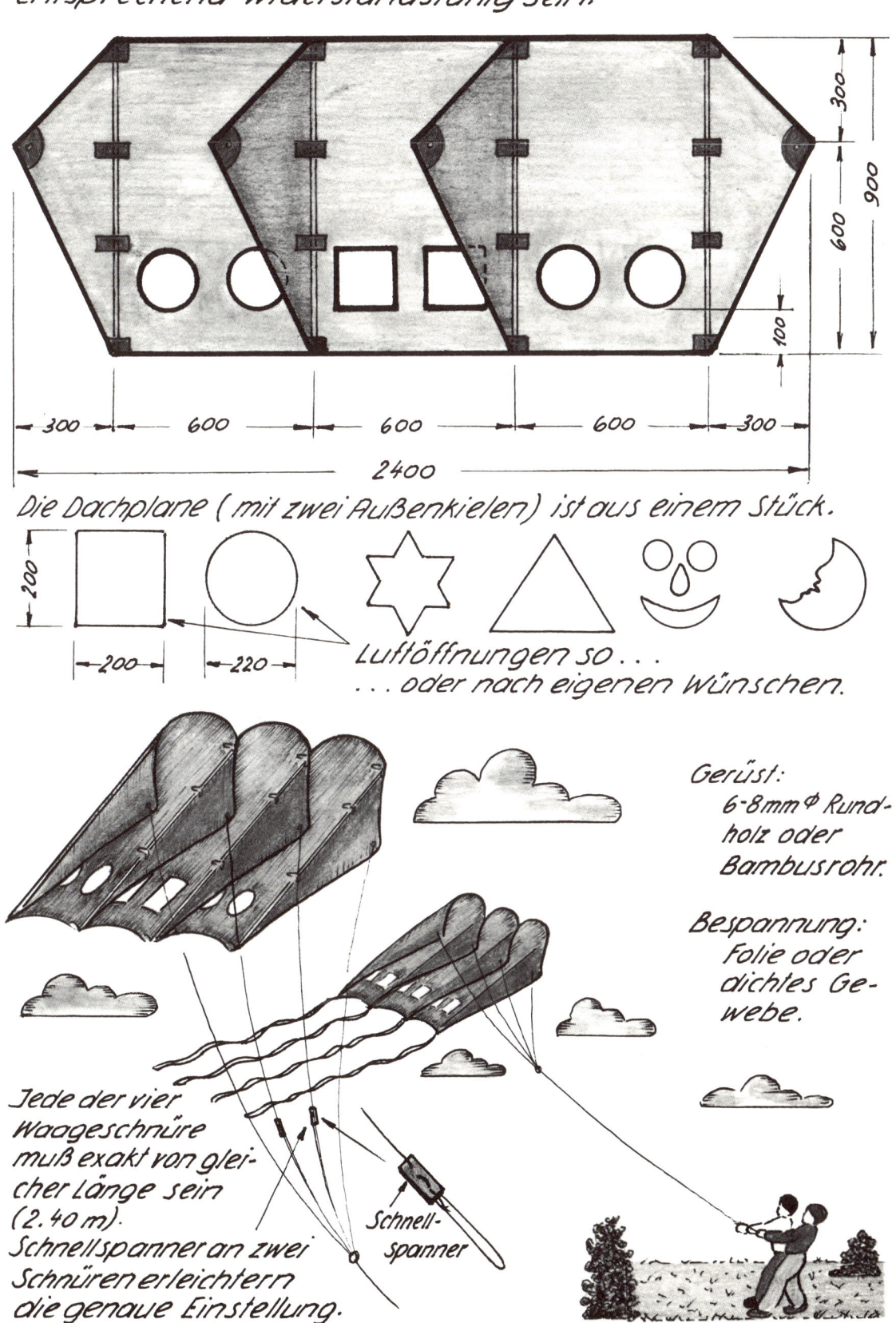

Die Dachplane (mit zwei Außenkielen) ist aus einem Stück.

Luftöffnungen so...
... oder nach eigenen Wünschen.

Gerüst:
6-8mm ⌀ Rund-
holz oder
Bambusrohr.

Bespannung:
Folie oder
dichtes Ge-
webe.

Jede der vier
Waageschnüre
muß exakt von glei-
cher Länge sein
(2.40 m).
Schnellspanner an zwei
Schnüren erleichtern
die genaue Einstellung.

Schnell-
spanner

Delta-Drachen

Delta-Drachen fliegen schon bei der leichtesten Brise.
Ihr könnt sie sogar bei Windstille mittels Hochstart wie ein richtiges Segelflugzeug segeln lassen. Dabei kommt es oft vor, daß euch der Drachen überholt, obwohl eure Zugleine gar nicht mehr gespannt ist.

Ein schönes Erlebnis ist es, einen Delta in den Abendstunden in einer Thermikschicht aufsteigen zu lassen.
Er schraubt sich dabei förmlich in die Höhe. Dies ist selbst dann möglich, wenn kein Wind weht.

Thermik: Durch Sonneneinstrahlung hervorgerufene Erwärmung der Luft, die in einer Auftriebsströmung nach oben steigt.

Spaziergänger werden verwundert die Köpfe schütteln, daß dort oben, bei völliger Windstille, überhaupt etwas fliegen kann, was nicht einmal einen Motor besitzt.

Ihr stabiles Flugverhalten erreichen diese Modelle durch ihre besondere Bauweise.

Sie besitzen als Waage einen Kiel, der wie beim Schiff das seitliche Schlingern vermindert.
Außerdem ist die Querstrebe nicht mit der Längsstrebe verbunden.

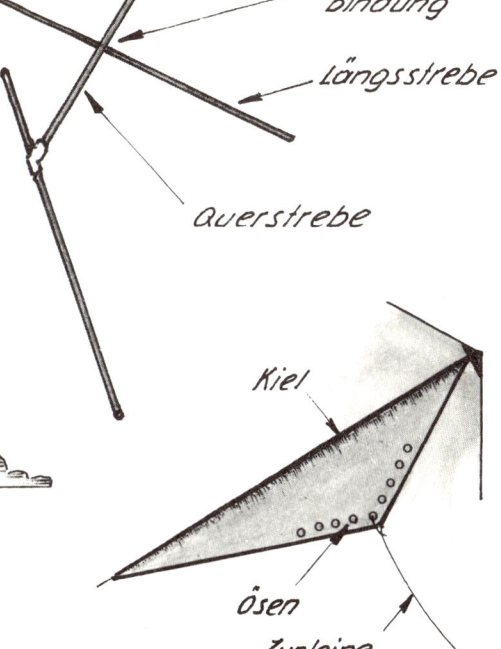

Keine Verbindung

Längsstrebe

Querstrebe

Das auf dem Boden recht zerbrechlich wirkende Modell kann sich so besser den Windverhältnissen anpassen und unterschiedliche Luftströmungen ausgleichen.

starr

durchgebogen

Kiel

Ösen

Zugleine

Bei einem Kiel mit mehreren Ösen könnt ihr den Einstellwinkel verschiedenen Windstärken schnell und einfach anpassen.

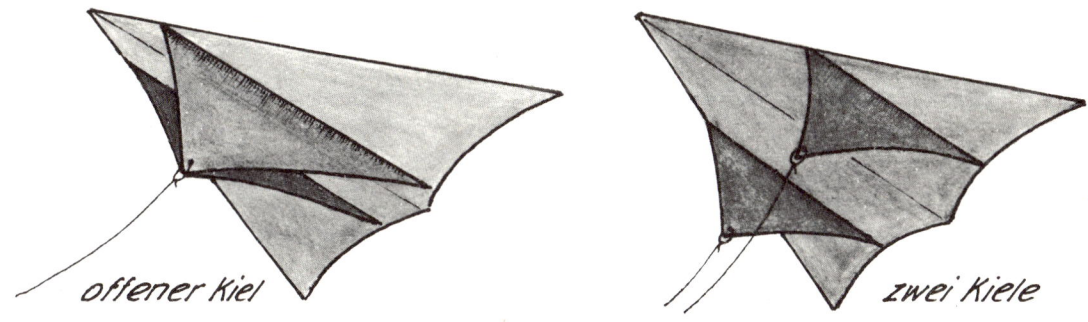

offener Kiel

zwei Kiele

Deltas lassen sich auch mit offenem Kiel (noch mehr Flugstabilität) oder mit zwei Kielen (dann zweischnürig) fliegen.

Weil Deltas bereits bei leichten Winden ganz ausgezeichnet fliegen, sollten sie nicht aus zu schwerem Material gebaut werden.

Für das Gerüst nehmt ihr leichte Stäbe, eventuell gespaltenes Bambusrohr.

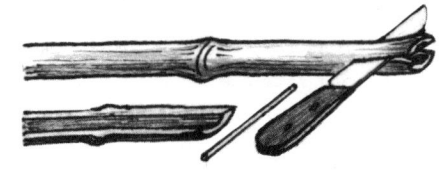

Auch bei der Bespannung ist auf das Gewicht Rücksicht zu nehmen.

Luftdurchlässige Gewebe verlangen mehr Wind als Papier und die absolut undurchlässigen Folien.

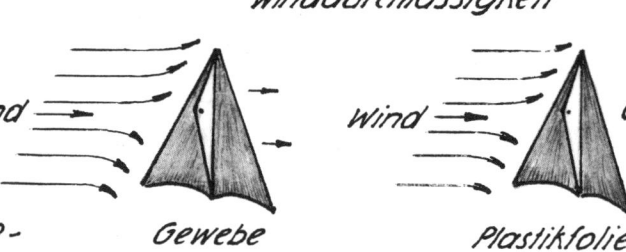

Winddurchlässigkeit

Wind — Gewebe

Wind — Plastikfolie — 0

Die ersten Drachenflieger benutzten gut konstruierte und fein getrimmte Deltas für ihren luftigen Sport.

Übrigens, Delta-Drachen lassen sich zu allerlei lustigen Flugmodellen und Fabelwesen gestalten.

Laßt euch ruhig etwas Außergewöhnliches einfallen.

Segel-Delta

Dieser Drachen ist ein prima „Thermik-Schnüffler". In leichten Winden gleitet er fast wie ein Segelflugzeug.

Steckverbindung

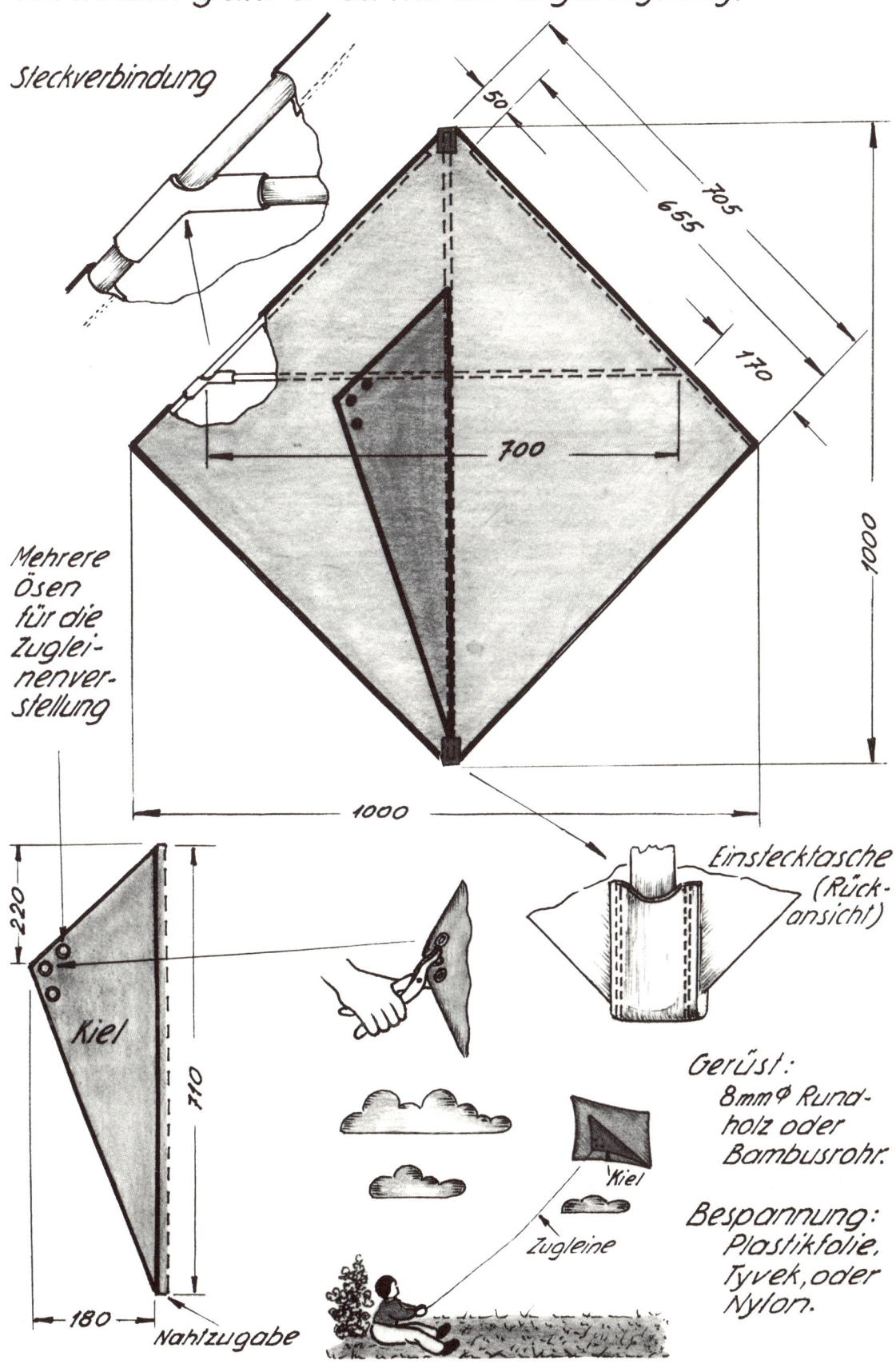

Mehrere
Ösen
für die
Zuglei-
nenver-
stellung

50

705

655

170

700

1000

1000

Kiel

220

710

180

Nahtzugabe

Einstecktasche
(Rück-
ansicht)

Gerüst:
8 mm⌀ Rund-
holz oder
Bambusrohr.

Bespannung:
Plastikfolie,
Tyvek, oder
Nylon.

Kiel

Zugleine

Delta-Modelle

Hier möchten wir euch noch andere Delta-Modelle vorstellen. Ihr könnt sie nach Belieben gestalten (z.B. mit langen Schwänzen oder als Pfeil).

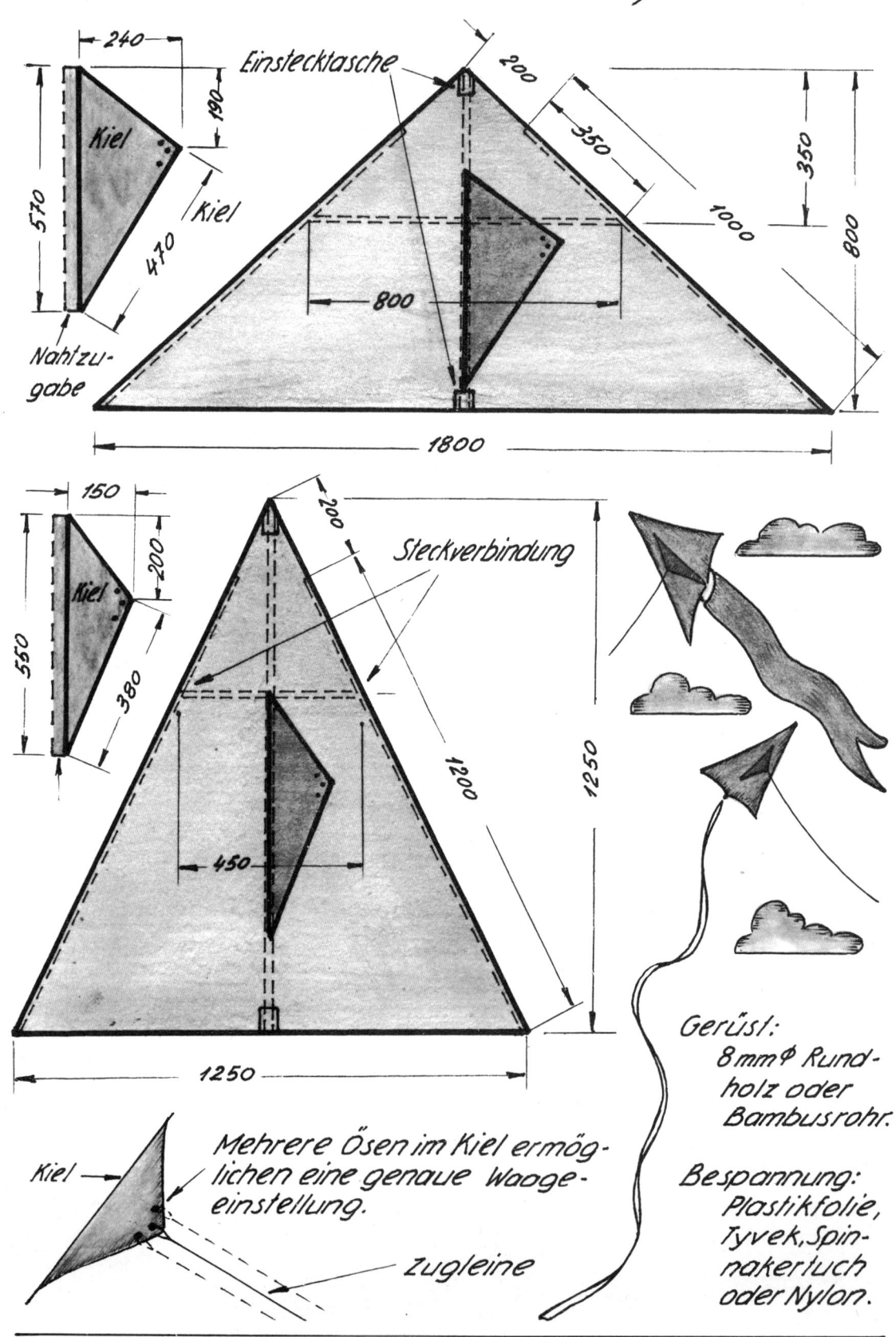

Gerüst:
8 mm⌀ Rundholz oder Bambusrohr.

Bespannung:
Plastikfolie, Tyvek, Spinnakertuch oder Nylon.

Merlin

Hier ein Modell, das wie alle unsere Vorschläge beliebig vergrößert oder auch verkleinert werden kann.
Dabei werden alle Maße mit dem gleichen Wert mul-
tipliziert oder dividiert.

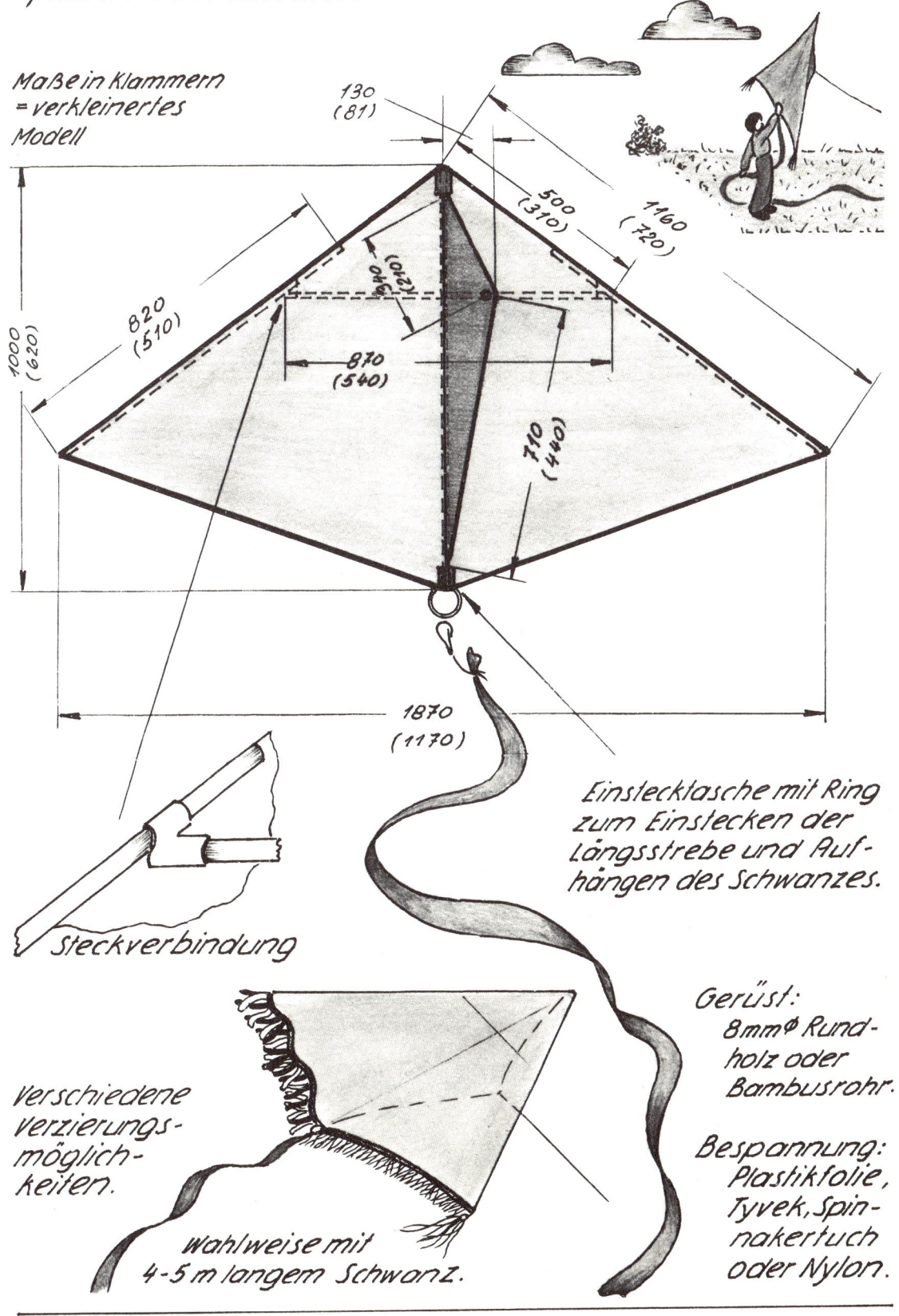

Maße in Klammern
= verkleinertes
Modell

130
(81)

500
(310)

1160
(720)

940
(070)

820
(510)

1000
(620)

870
(540)

710
(440)

1870
(1170)

Steckverbindung

Einstecktasche mit Ring
zum Einstecken der
Längsstrebe und Auf-
hängen des Schwanzes.

Verschiedene
Verzierungs-
möglich-
keiten.

Wahlweise mit
4-5 m langem Schwanz.

Gerüst:
8 mm∅ Rund-
holz oder
Bambusrohr.

Bespannung:
Plastikfolie,
Tyvek, Spin-
nakertuch
oder Nylon.

Vampir

Der Vampir ist ein Delta-Drachen mit offenem Kiel
und wirkt in der Luft fast lebendig.

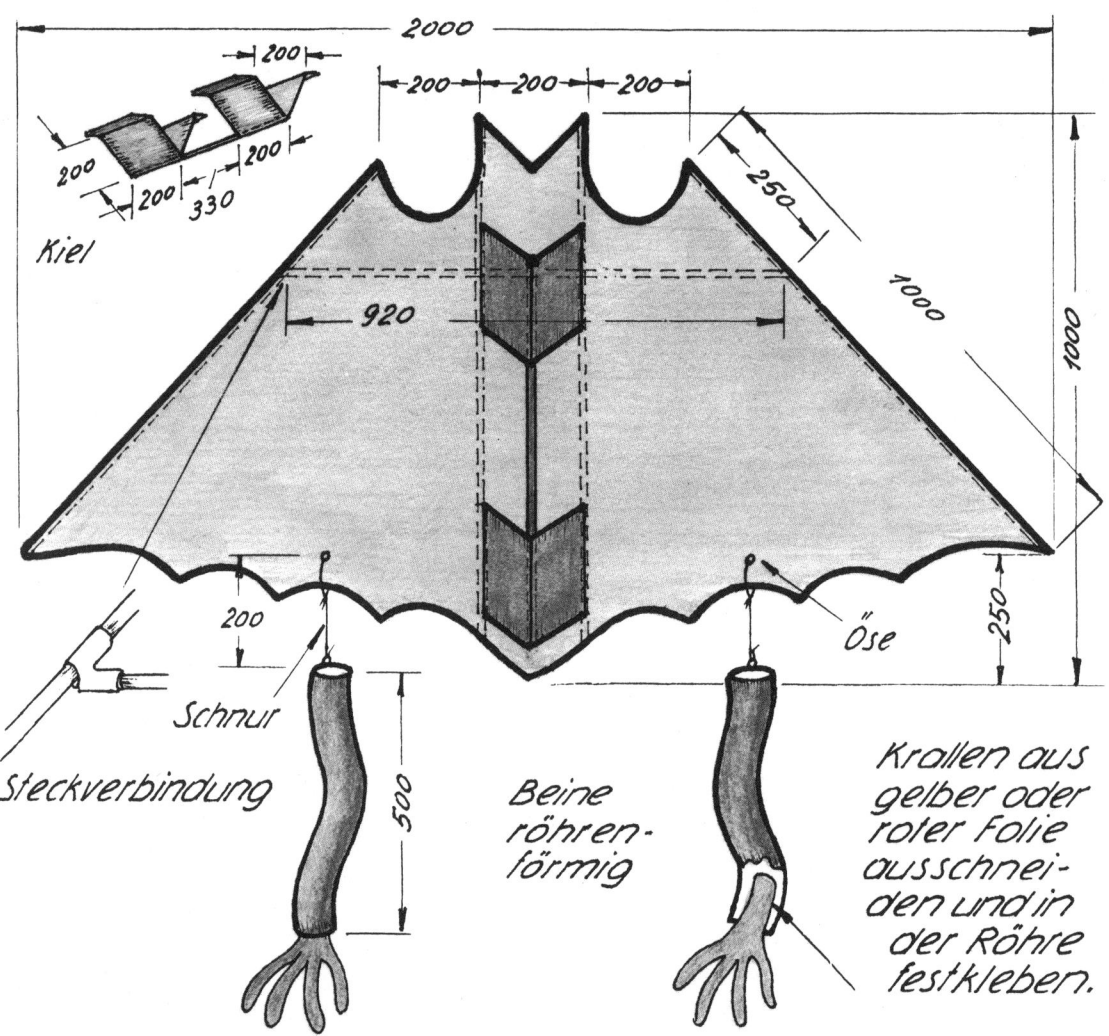

Kiel

Steckverbindung

Schnur

Öse

Beine röhrenförmig

Krallen aus gelber oder roter Folie ausschneiden und in der Röhre festkleben.

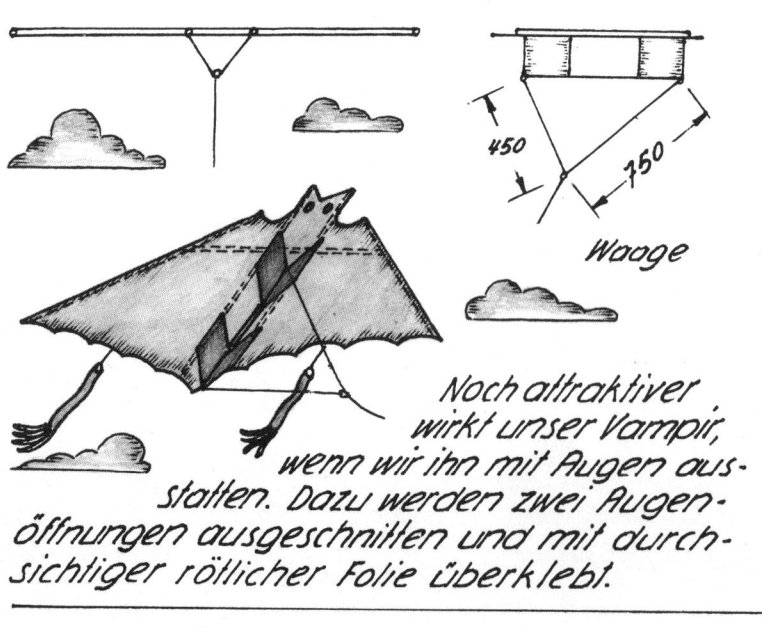

Waage

Noch attraktiver wirkt unser Vampir, wenn wir ihn mit Augen ausstatten. Dazu werden zwei Augenöffnungen ausgeschnitten und mit durchsichtiger rötlicher Folie überklebt.

Gerüst:
8 mm ⌀ Rundholz oder Bambusrohr

Bespannung:
Schwarze Plastikfolie, Tyvek, Spinnakertuch oder Nylon.

Lenkdrachen

Wenn es draußen richtig stürmt und der Wind für viele Windspielzeuge zu kräftig weht, ist Lenkdrachenzeit. Lenkdrachen sind „stürmische Gesellen" und werden euch mit knatternder Bespannung und pfeilschnellen Flugmanövern erfreuen.

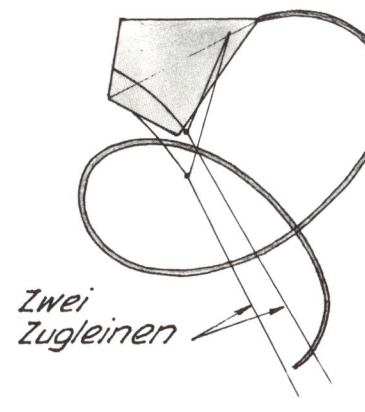

Zwei Zugleinen

Die Handhabung ist einfach: Ein Zug an der rechten Leine bewirkt eine Rechtskurve, ein Zug an der linken Leine eine Linkskurve.

Gut gebaute Lenkdrachen reagieren blitzschnell auf unterschiedliche Zugleinenspannung.
Daher ist es verständlich, wenn eure ersten Versuche nicht gleich auf Anhieb zum gewünschten Erfolg führen.
Versucht vielmehr, euer Modell anfangs ruhig zu halten, um dann so nach und nach mit den ersten Lenkmanövern zu beginnen.

Ihr werdet erleben, daß es euch schon nach kurzer Einübung möglich ist, Loopings zu fliegen.
Spätestens nach dem ersten kontrollierten Sturzflug seid ihr soweit, daß ihr euren „stürmischen Gesellen" fest im Griff habt.

Lenkdrachen - Waage

Was beim Pferd die Zügel, sind beim Lenkdrachen die Zugleinen mit der zweifachen Waage.
Wie ihr diese Waagen richtig anordnet, zeigen wir euch im folgenden.

Meist haben die Waageschnüre einen gemeinsamen Aufhängepunkt an der Mittelstrebe und zwei getrennte an den Flugkanten oder, je nach Bauart, in ihrer Nähe.

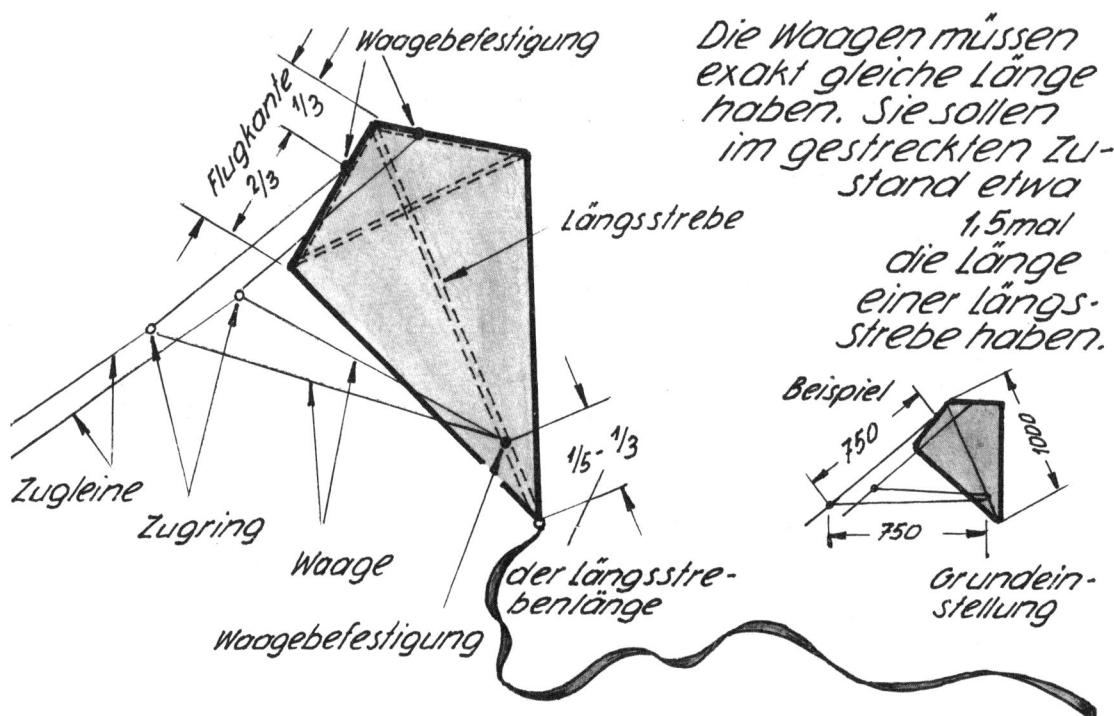

Waagebefestigung

Flugkante 1/3 2/3

Längsstrebe

Zugleine

Zugring

Waage

Waagebefestigung

1/5 - 1/3 der Längsstrebenlänge

Die Waagen müssen exakt gleiche Länge haben. Sie sollen im gestreckten Zustand etwa 1,5mal die Länge einer Längsstrebe haben.

Beispiel

750   1000

750

Grundeinstellung

Den richtigen Einstellwinkel der Waagen legt ihr am besten vor dem Start, den gerade herrschenden Windverhältnissen entsprechend, fest.

Dazu haltet ihr mit je einer Hand eine Waage und dreht den Drachen in den Wind.
Je nach Veränderung der Fingerstellung wird das Flugmodell mehr oder weniger gut auf Lenkversuche reagieren.
Ist die optimale Einstellung gefunden, werden hier die Zugringe angebracht.
An den Zugringen befestigt ihr nun die Zugleinen. Euer Drachen ist fertig zum Start.

Windrichtung

Lenkdrachenstart

Ein ideales Fluggelände habt ihr gefunden.
Die Waagen sind richtig eingestellt und der Wind
weht gut. Alle Voraussetzungen für einen Start
sind erfüllt.
Nun ist der mit großer Spannung erwartete Moment gekommen, wo ihr euren „schnellen
Vogel" in die Wolken lenken könnt.

Den Start führt ihr am besten zu zweit aus.

Der Helfer hält den Drachen am unteren Rumpfende
mit einer Hand über seinen Kopf.
Der Pilot achtet darauf, daß beide Zugleinen gleich
lang sind.
Auf ein Zeichen hin wird der Drachen losgelassen
und der Pilot zieht gleichmäßig an beiden Zugleinen. Der Drachen steigt.

Ihr könnt auch einen Start ohne Helfer ausführen.
Dazu wird der Lenkdrachen mit dem Gesicht nach
oben auf den Boden gelegt und die untere Spitze
mit Sand, Erde o.ä. beschwert.

Werden jetzt die Zugleinen gleichmäßig angezogen,
erhebt sich euer Drachen und steigt auf.

Lenkdelta

Dieser Lenkdelta reagiert auf Lenkmanöver recht
gutmütig und ist daher besonders für Anfänger
geeignet. Lenkdeltas brauchen keinen Schwanz.

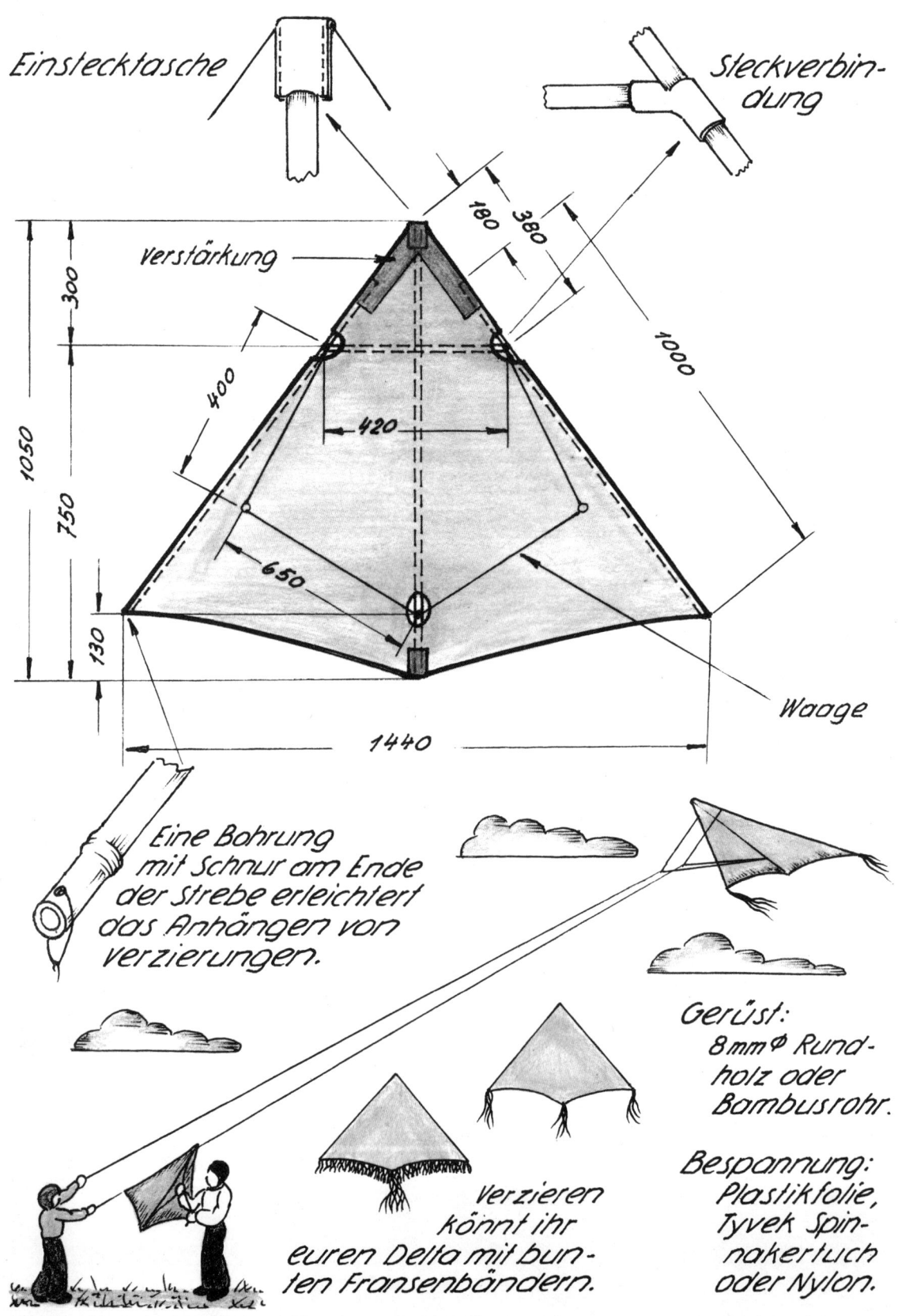

Einstecktasche

Steckverbindung

verstärkung

180   380   1000

300   400   420   650   750   1050   130   1440

Waage

Eine Bohrung
mit Schnur am Ende
der Strebe erleichtert
das Anhängen von
verzierungen.

Verzieren
könnt ihr
euren Delta mit bun-
ten Fransenbändern.

Gerüst:
8mm⌀ Rund-
holz oder
Bambusrohr.

Bespannung:
Plastikfolie,
Tyvek Spin-
nakertuch
oder Nylon.

Rochen

*Diesen Lenkdrachen könnt ihr in der Plastikfolienaus-
führung mit Bambusstäben schnell und preiswert bauen.*

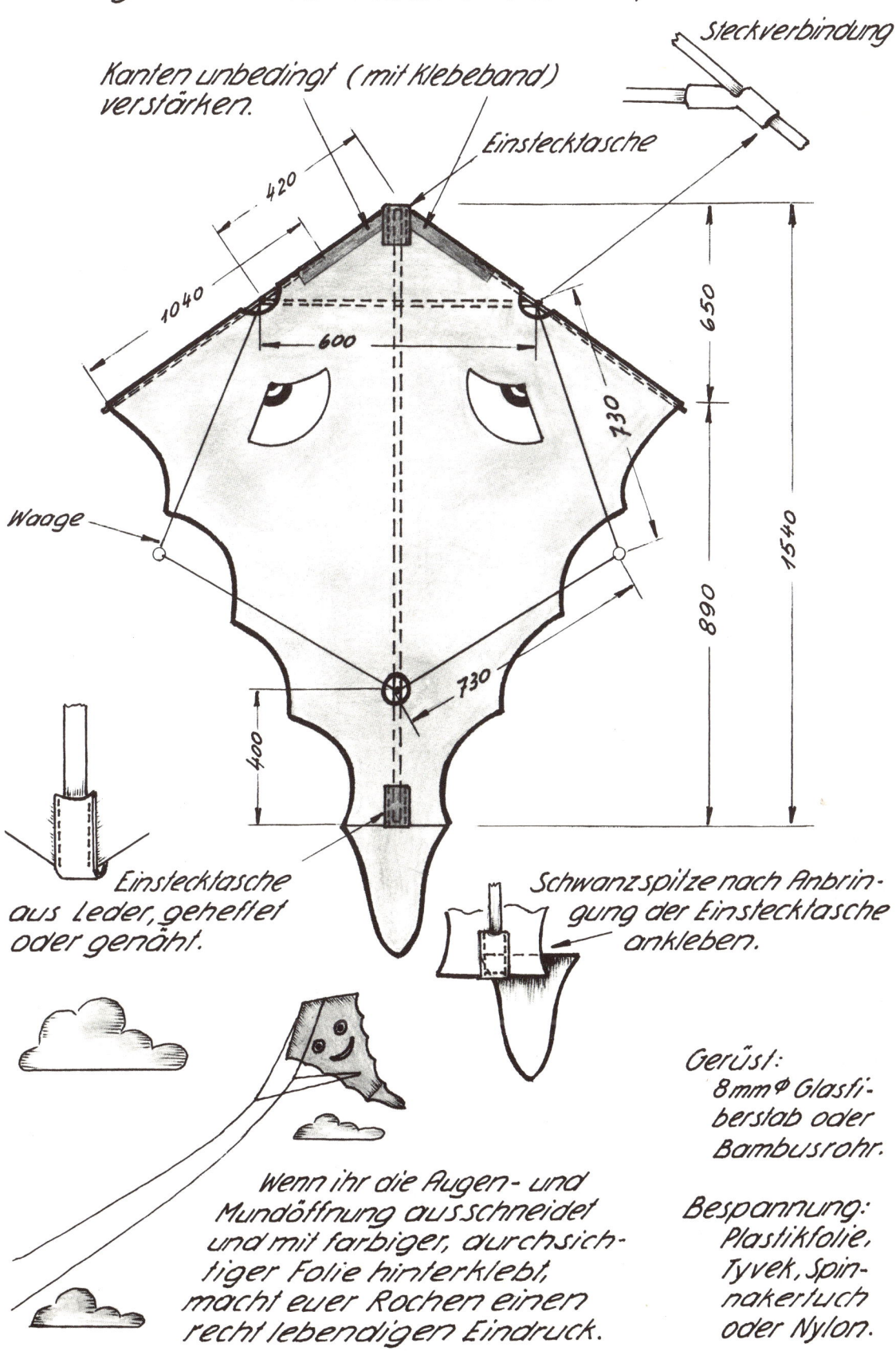

Steckverbindung

Kanten unbedingt (mit Klebeband)
verstärken.

Einstecktasche

420

1040

600

650

730

1540

890

730

Waage

400

Einstecktasche
aus Leder, geheftet
oder genäht.

Schwanzspitze nach Anbrin-
gung der Einstecktasche
ankleben.

Gerüst:
8 mm⌀ Glasfi-
berstab oder
Bambusrohr.

Bespannung:
Plastikfolie,
Tyvek, Spin-
nakertuch
oder Nylon.

*Wenn ihr die Augen- und
Mundöffnung ausschneidet
und mit farbiger, durchsichtiger Folie hinterklebt,
macht euer Rochen einen
recht lebendigen Eindruck.*

Hunter

Ein Lenkdrachen, der auch in leichten Winden sehr gut fliegt. Mit seiner Reaktionsschnelligkeit hält er euch ständig in Atem.

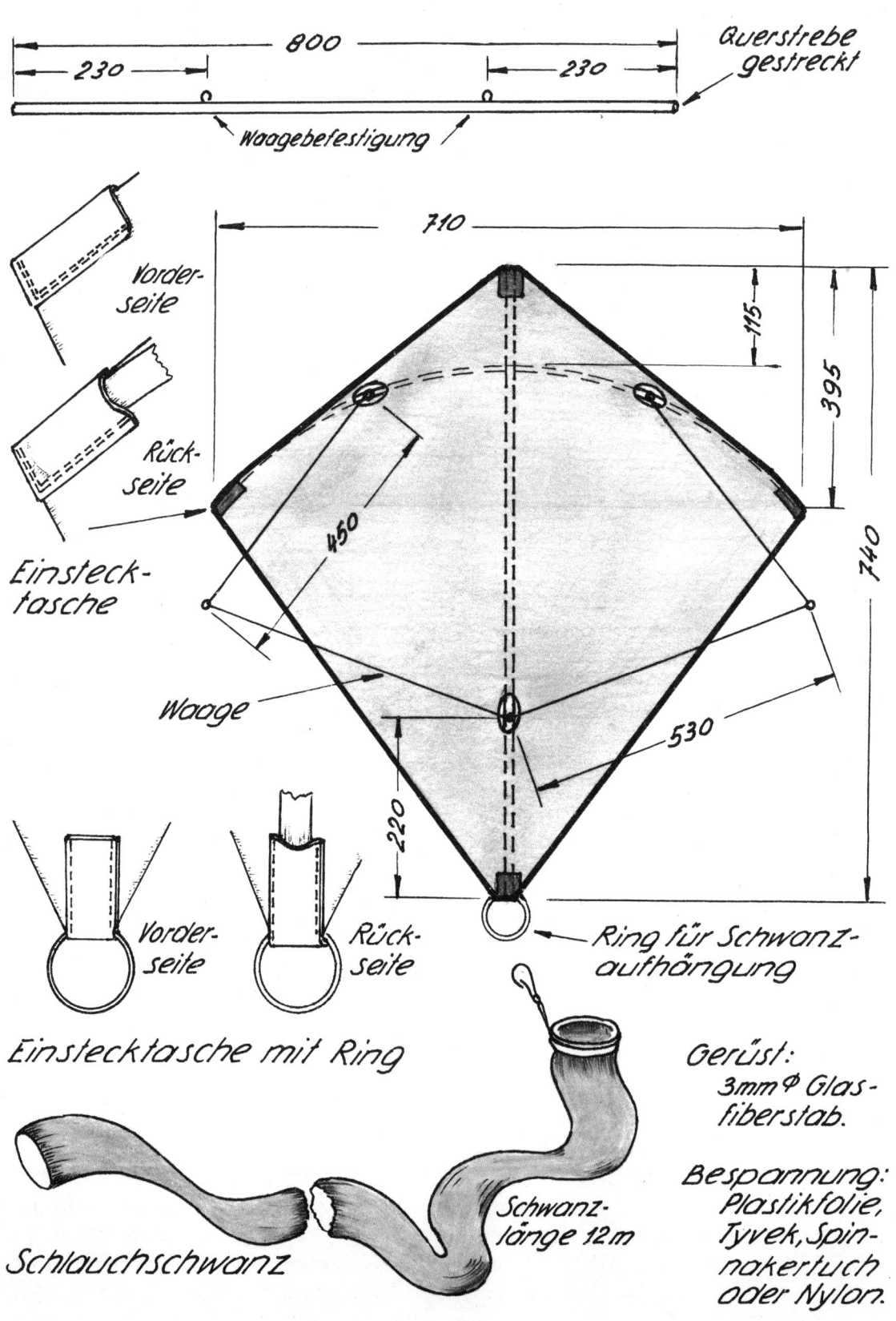

800

230   230

Querstrebe gestreckt

Waagebefestigung

710

Vorderseite

115

395

Rückseite

Einstecktasche

450

740

Waage

530

220

Vorderseite

Rückseite

Ring für Schwanzaufhängung

Einstecktasche mit Ring

Gerüst:
3mm⌀ Glasfiberstab.

Schwanzlänge 12 m

Schlauchschwanz

Bespannung:
Plastikfolie, Tyvek, Spinnakertuch oder Nylon.

Akrobat

Hier stellen wir euch ein superschnelles Modell vor, das selbst auf ein Fingerzucken sofort reagiert.

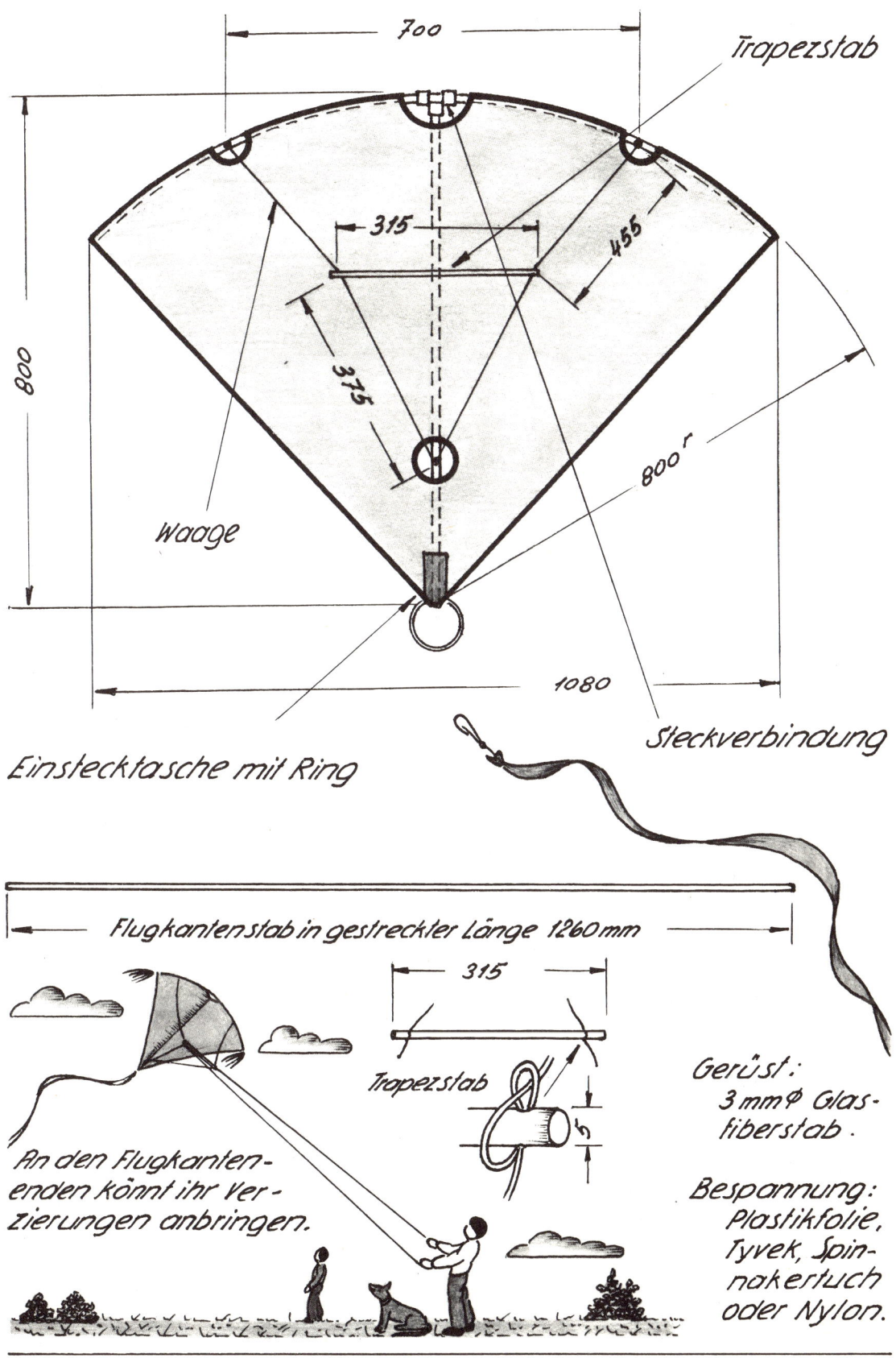

Einstecktasche mit Ring

Trapezstab

Steckverbindung

Waage

700

315

455

375

800

800 r

1080

Flugkantenstab in gestreckter Länge 1260 mm

An den Flugkanten-enden könnt ihr Ver-zierungen anbringen.

315

5

Trapezstab

Gerüst:
3 mm⌀ Glas-fiberstab.

Bespannung:
Plastikfolie,
Tyvek, Spin-
nakertuch
oder Nylon.

Glide

Seine besondere Form erhält dieser Lenkdrachen
durch die ungewöhnliche Spitzenanordnung.
Die Flugkanten werden durch die Windbelastung
nach hinten gebogen und geben dem „Glide"
ein pfeilförmiges Aussehen.

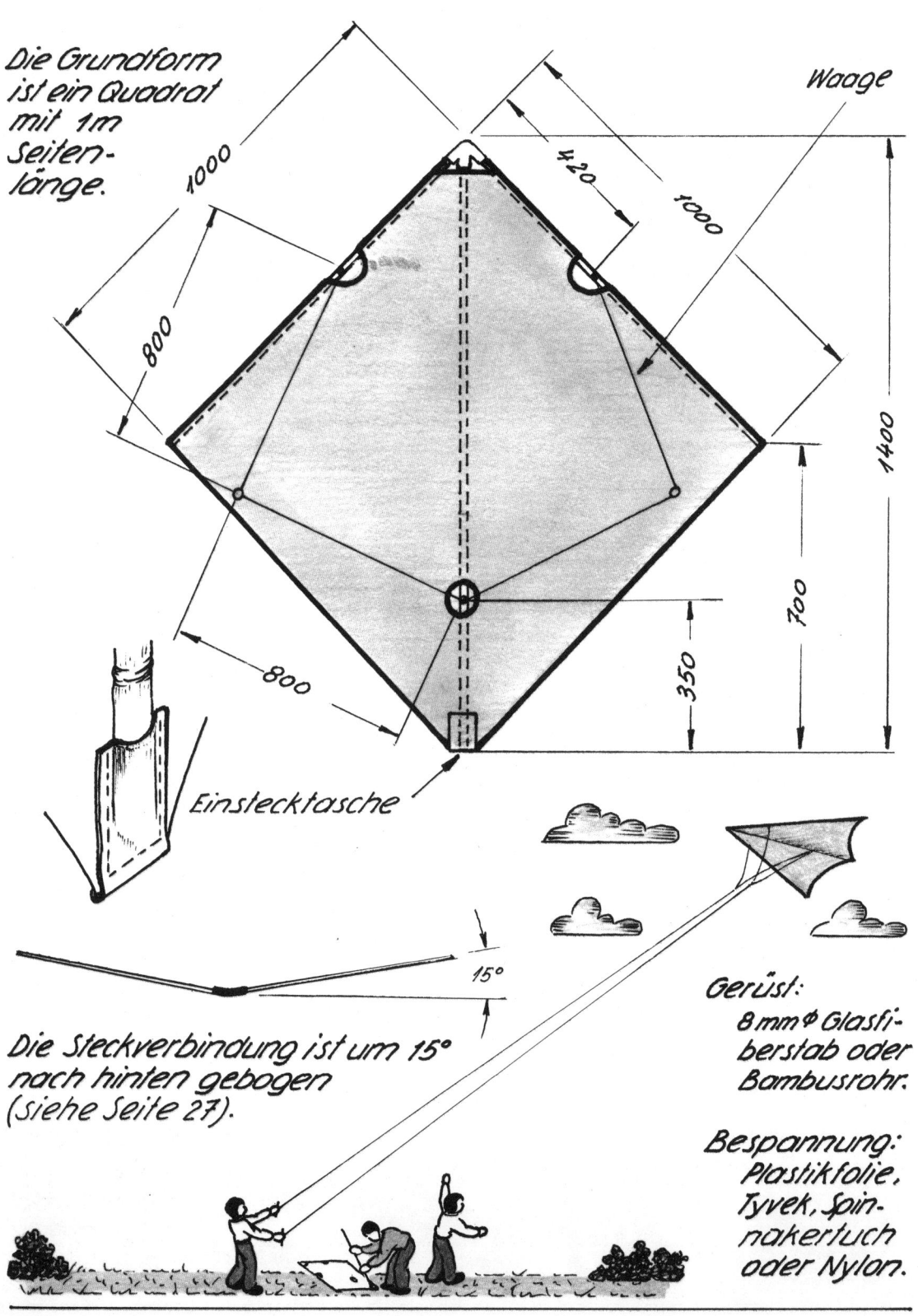

Die Grundform
ist ein Quadrat
mit 1m
Seiten-
länge.

1000

800

800

350

700

1400

420

1000

Waage

Einstecktasche

15°

Die Steckverbindung ist um 15°
nach hinten gebogen
(siehe Seite 27).

Gerüst:
8 mm ⌀ Glasfi-
berstab oder
Bambusrohr.

Bespannung:
Plastikfolie,
Tyvek, Spin-
nakertuch
oder Nylon.

Stunter

Dieser „Stunter" ist ein ausgesprochener Starkwind-
drachen. Er fliegt ab Windstärke 4 ausgezeichnet.
Bei leichtem Wind neigt er zur Kopflastigkeit.

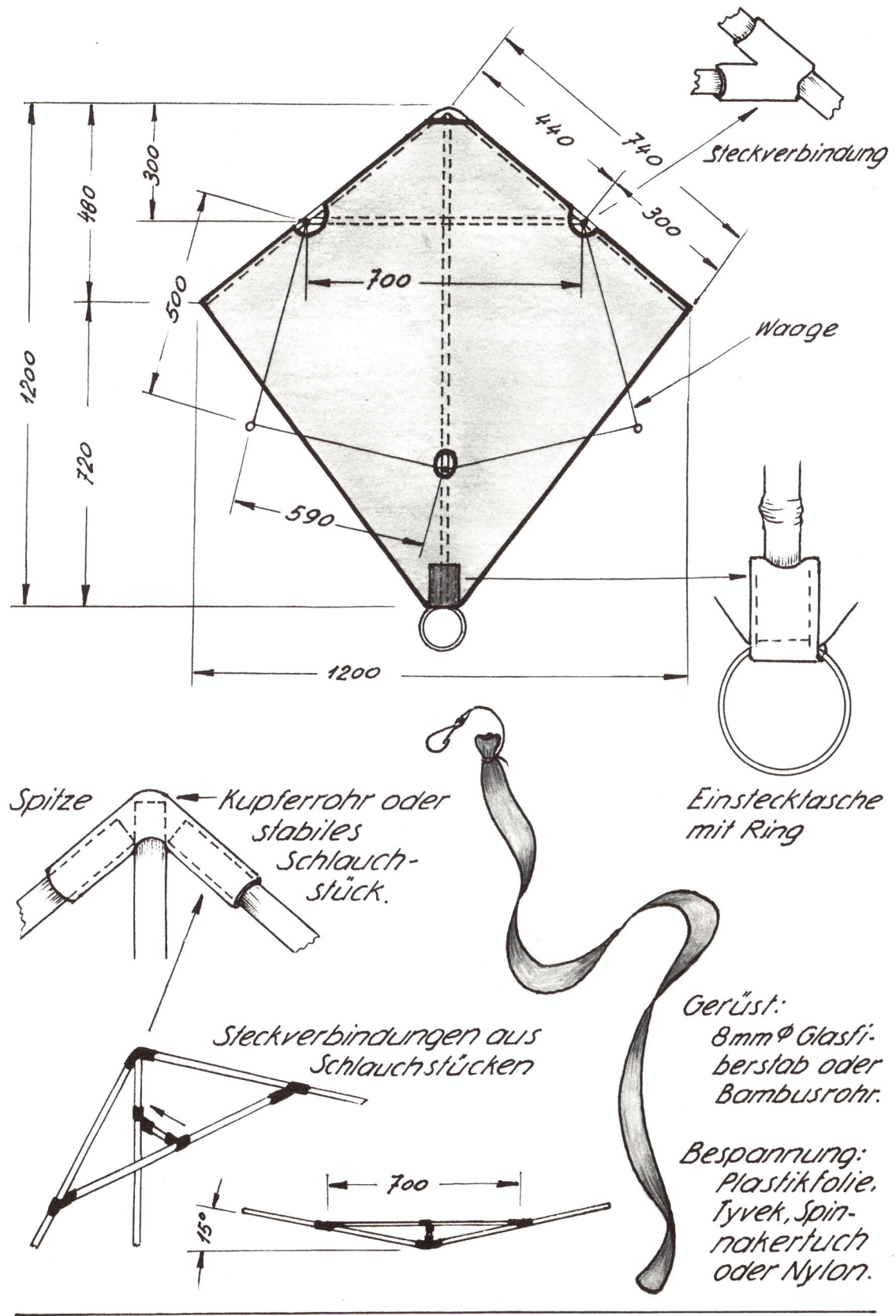

Steckverbindung

Waage

Einstecktasche
mit Ring

Spitze — Kupferrohr oder
stabiles
Schlauch-
stück.

Steckverbindungen aus
Schlauchstücken

Gerüst:
8mm⌀ Glasfi-
berstab oder
Bambusrohr.

Bespannung:
Plastikfolie,
Tyvek, Spin-
nakertuch
oder Nylon.

Formationsflüge

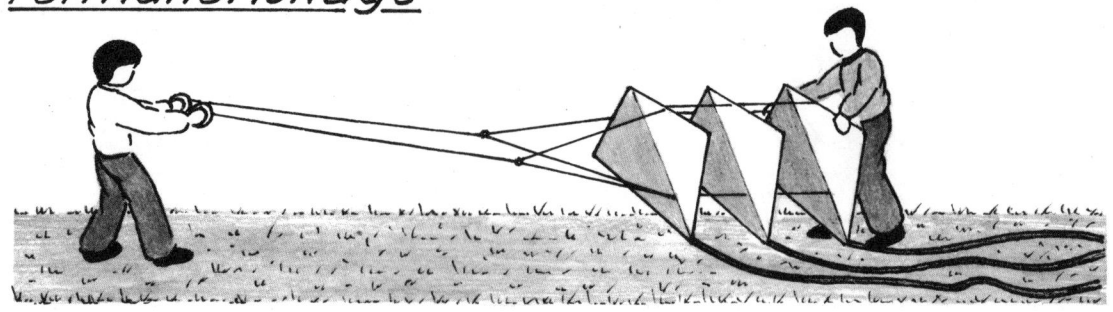

Ganz großen Spaß bereitet es, mehrere Lenkdrachen hintereinander zu koppeln und sie dann alle gemeinsam an zwei Zugleinen in den Himmel zu senden.

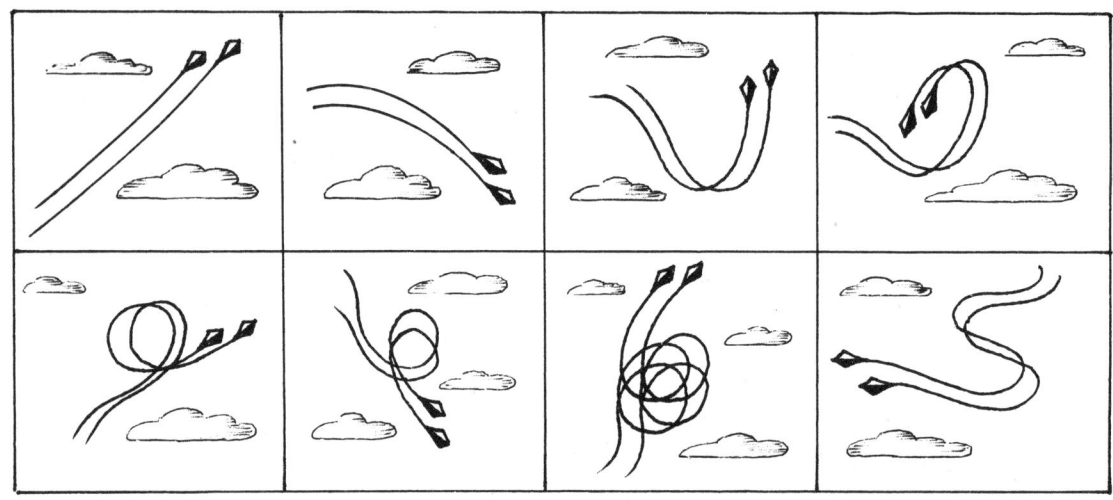

Obwohl der Pilot nur den Leitdrachen sieht, bietet sich für die Zuschauer ein begeisterndes Bild.

Bei Formationsflügen erhält nur der Leitdrachen Waagen, alle Folgedrachen werden mit Schnüren miteinander verbunden.

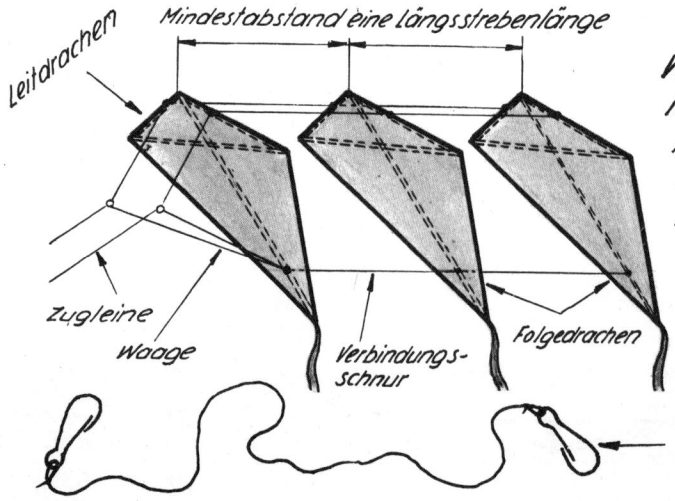

Es ist wichtig, daß alle Verbindungsschnüre gleich lang sind!
Nehmt ihr mehr als drei Drachen, solltet ihr die Waage am Leitdrachen verstärken.

Das Koppeln geht einfacher, wenn an den Verbindungsschnüren Karabinerhaken angebracht werden.

Lenkdrachen fliegen mit hohen Ge-
schwindigkeiten.
Deshalb solltet ihr folgende
Vorsichtsmaßnahmen
beachten:

- Besonders als Anfänger solltet
  ihr weit entfernt von Personen
  und Tieren üben.
- Nie auf Menschen, Tiere und
  Objekte zielen.
- Der Zug der Leinen kann sehr stark
  werden (eine gespannte Zugleine
  wirkt wie ein Drahtseil).
- Handschuhe tragen.
  50-60 m sind eine gut zu führende Länge

(Siehe auch Sicherheitsregeln Seite 14.)

Ein langer Schwanz
(auch Himmelsschreiber
genannt) zeigt die Flug-
bahn des Drachens an
und steigert das ohne-
hin schon imposante
Bild eines mit hoher Ge-
schwindigkeit sich be-
wegenden Flugobjekts
am blauen Himmel.

Lange
Schwänze ver-
heddern leicht.
Deshalb solltet ihr sie
an Ort und Stelle befestigen und auch entfernen
und mit
ihnen
in Formationsflügen keine zu klei-
nen Loopings fliegen.

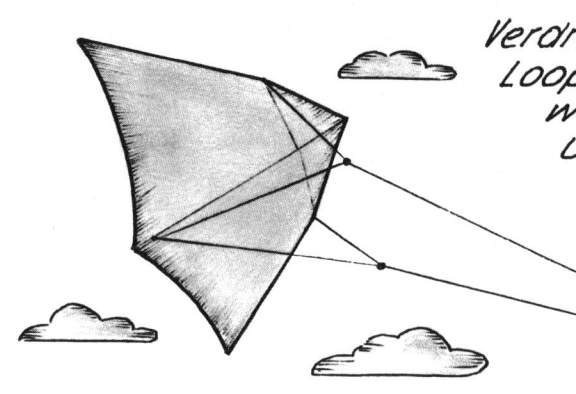

Verdrehte Zugleinen, die bei Loopings entstehen, können während des Flugs durch Überschläge in entgegengesetzter Richtung ausgleichen.

Das ist einfacher und geht schneller als am Boden.

Zum Landen lenkt ihr den Drachen aus dem Wind.

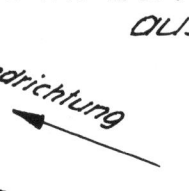

Windrichtung

Läßt der Auftrieb nach, wird euer Drachen an Geschwindigkeit und Höhe verlieren und sanft aufsetzen.

Werden für die Zugleinen zwei Haspeln verwendet, steckt ihr zum Einholen der Leinen die eine in die Tasche und wickelt die andere ein paar Meter auf und steckt sie dann in die andere Tasche. Jetzt nehmt ihr die erste Haspel und wickelt auch diese ein paar Meter auf und steckt sie wieder in die Tasche usw. So erspart ihr euch das Zurücklaufen.

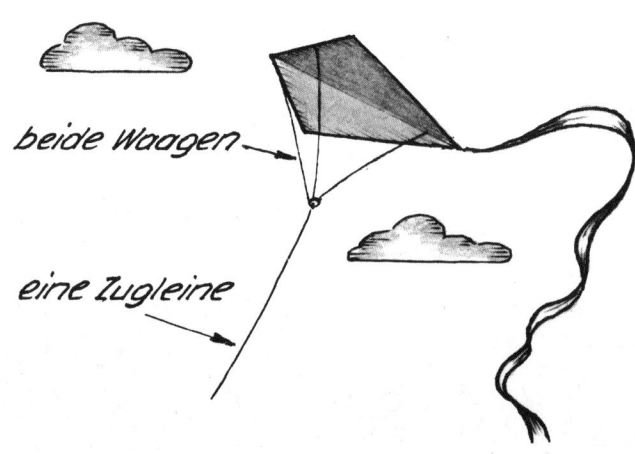

beide Waagen

eine Zugleine

Lenkdrachen lassen sich auch wie einfache Drachen fliegen.

Dazu werden beide Waagen an nur einer Zugleine befestigt.

Lenkdrachenspiele

Synchronflüge
Mehrere Piloten versuchen ihre Drachen synchron miteinander fliegen zu lassen. Das geht am besten, wenn jemand den Ablauf ankündigt.

Zielfliegen
Mit einem am Drachenschwanz befestigten Gewicht (Ball, Apfel, Kartoffel o.ä.) versucht ihr, während des Flugs einen Gegenstand (z.B. Eimer, Dose oder Fußball) von einem Pfosten zu schleudern.

Obst-netz mit Kartoffel

Flugkür...

Ein Flug nach Musik mit Preisrichter. Wer fliegt die beste Kür?

5

...oder einfach nur: Wer fliegt den größten oder den kleinsten Looping?

Kampfdrachen

Kampfdrachen sind typisch asiatische Flugmodelle. Es sind superleichte, wendige Flitzer, die vom Piloten mit nur einer Zugleine gesteuert werden können.

In Asien werden damit richtige Drachenwettkämpfe ausgetragen. Dabei sind die Zugleinen einige Meter von der Waage entfernt mit einem Gemisch aus feinem Sand und Glassplittern beklebt.

Während des „Drachenkampfes" versucht man, den Drachen seines Spielpartners mit seinem Modell zu umfliegen und dessen Zugleine mit der eigenen zu durchtrennen. Gewinner ist, wer seinen Drachen am längsten in der Luft behält.

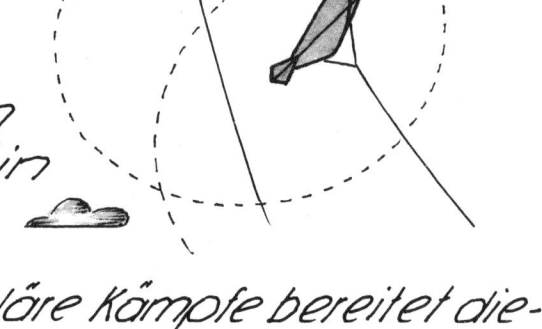

Aber auch ohne spektakuläre Kämpfe bereitet dieser Drachentyp seines Tempos wegen großes Vergnügen.

Auf dem malayischen Archipel benutzt man auch heute noch Kampfdrachen zum Fischfang.

Da die am Drachen befestigte Angelschnur keinen Schatten auf das Wasser wirft, werden die Fische nicht verscheucht.

Die Kunst einen Kampfdrachen richtig zu lenken,
besteht darin, im richtigen Moment die Zugleine
entweder straff oder locker zu halten.

Als Faustregel gilt:
So lange ihr die Zugleine
gespannt haltet, fliegt
euer Drachen in die Richtung,
in die seine Spitze zeigt.
Das kann auch nach unten sein.

Ihr interessantes Flugverhalten rührt bei diesen Drachentypen von der besonderen Ausführung der Querstrebe her.
Sie darf weder zu hart, noch zu weich sein.

Bei zu weicher Strebe fällt, bei Lockerung der Zugleinenspannung, der Flächenwinkel nicht zusammen. Bei einem zu harten Material wird er erst
gar nicht aufgebaut.

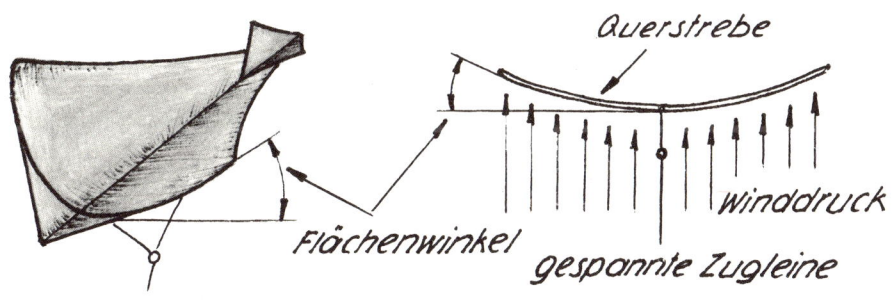

Querstrebe

Winddruck

Flächenwinkel   gespannte Zugleine

Durch Winddruck oder Zugleinenspannung biegen sich
die Enden der Querstreben nach hinten und erzeugen
einen Flächenwinkel. Der Drachen fliegt so lange stabil,
wie dieser Flächenwinkel erhalten bleibt.

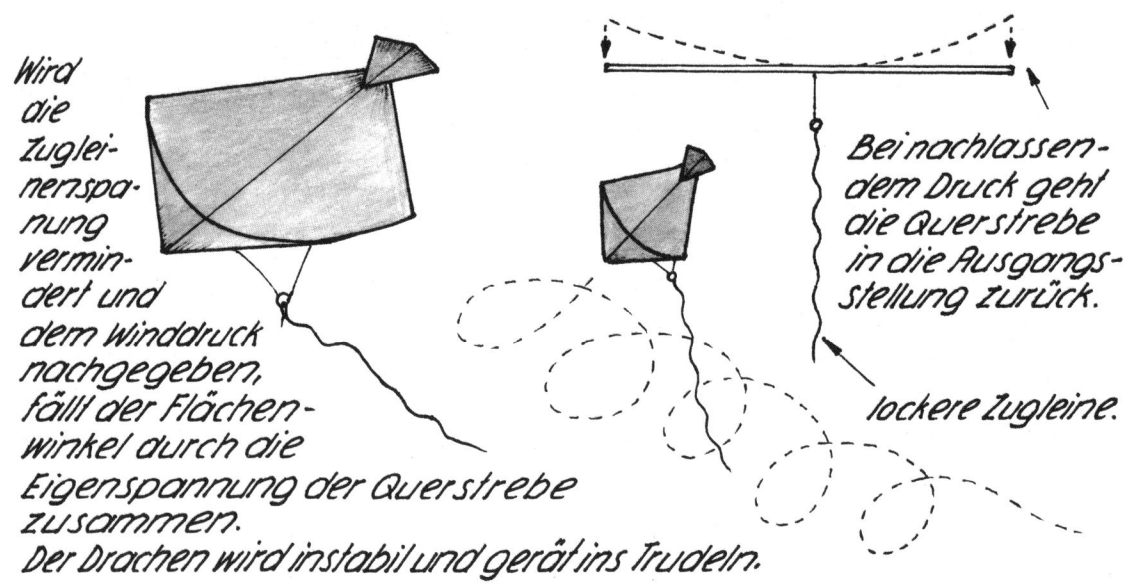

Wird die Zugleinenspannung vermindert und dem Winddruck nachgegeben, fällt der Flächenwinkel durch die Eigenspannung der Querstrebe zusammen.
Der Drachen wird instabil und gerät ins Trudeln.

Bei nachlassendem Druck geht die Querstrebe in die Ausgangsstellung zurück.

lockere Zugleine.

Die Flugexaktheit eines Kampfdrachens hängt außerdem von der genauen Herstellung und einem sorgfältigen Austarieren ab.

Seine Manövrierfähigkeit und Gewandtheit lassen ihn sicher auch bald zu eurem Lieblingsdrachen werden.

Ein kurzer Schwanz am Drachen befestigt erleichtert Anfängern den Einstieg in die Kunst des Kampfdrachenfliegens.

Ziehen →

lockern →

Ihr könnt diesen Drachentyp sogar bei geringen Luftbewegungen oder in Hallen fliegen lassen, und zwar nur durch den Zug an den Leinen.

Koreanischer Kampfdrachen

Dieser Koreaner ist ein kräftiger Drachen. Trotz seiner außergewöhnlichen Form bewegt er sich sehr lebhaft und schnell. Das Loch in der Mitte verleiht ihm eine gute Flugstabilität.

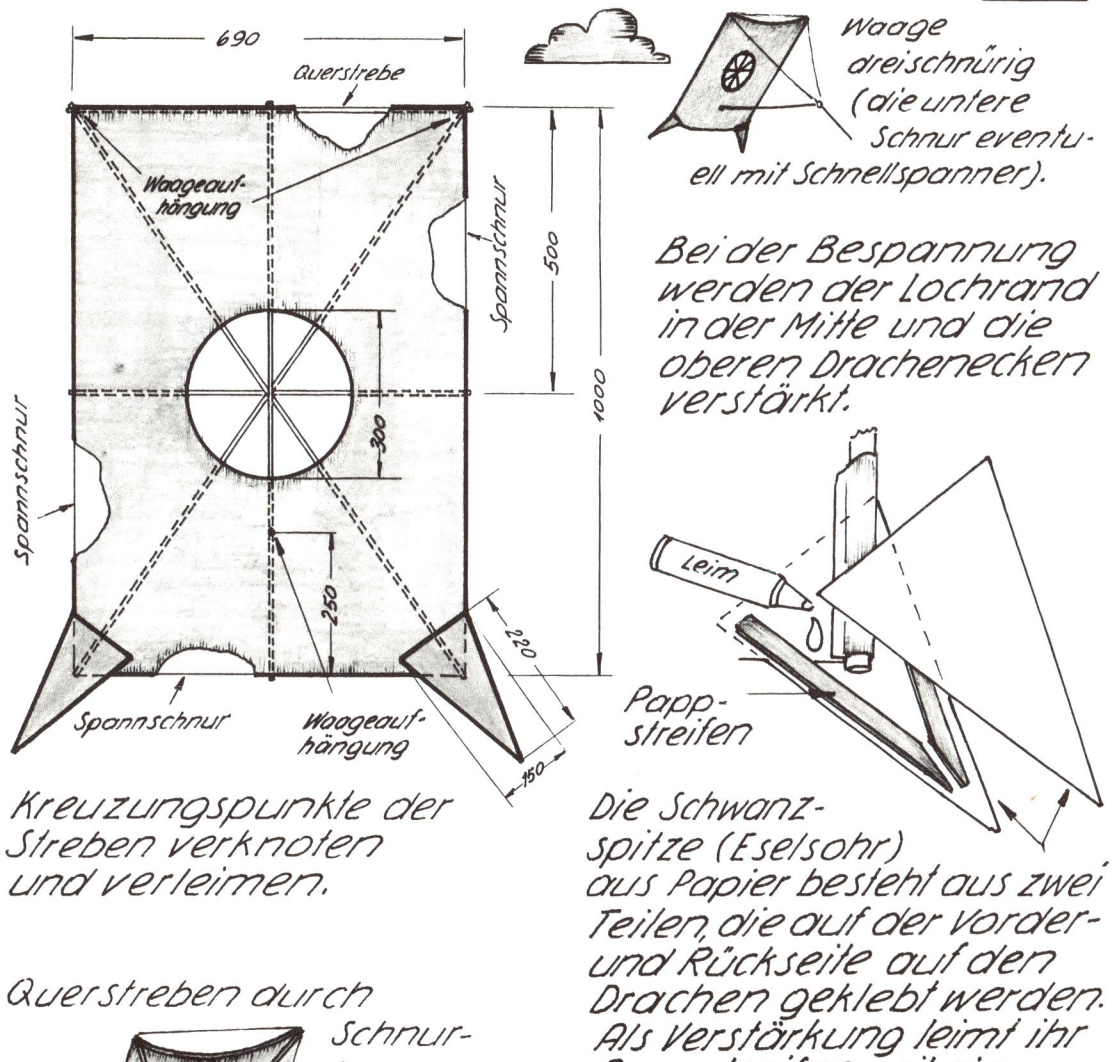

Kreuzungspunkte der Streben verknoten und verleimen.

Querstreben durch

Schnur-Spannung leicht nach hinten wölben. (Das geht gut mit einem Schnellspanner.)

Beide Querstreben gewölbt, fliegt dieser Drachen auch in stärkeren Winden.

Waage dreischnürig (die untere Schnur eventuell mit Schnellspanner).

Bei der Bespannung werden der Lochrand in der Mitte und die oberen Drachenecken verstärkt.

Die Schwanz-spitze (Eselsohr) aus Papier besteht aus zwei Teilen, die auf der Vorder- und Rückseite auf den Drachen geklebt werden. Als Verstärkung leimt ihr Pappstreifen mit ein.

Gerüst: Bambusrohr (eventuell gespalten).

Bespannung: Papier, Tyvek oder Plastik-folie.

Indischer Kampfdrachen

Äußerst flink und wendig ist dieser Inder. Tempo, rasante Schwünge und seine Wendigkeit machen ihn unter Drachfans sehr beliebt.

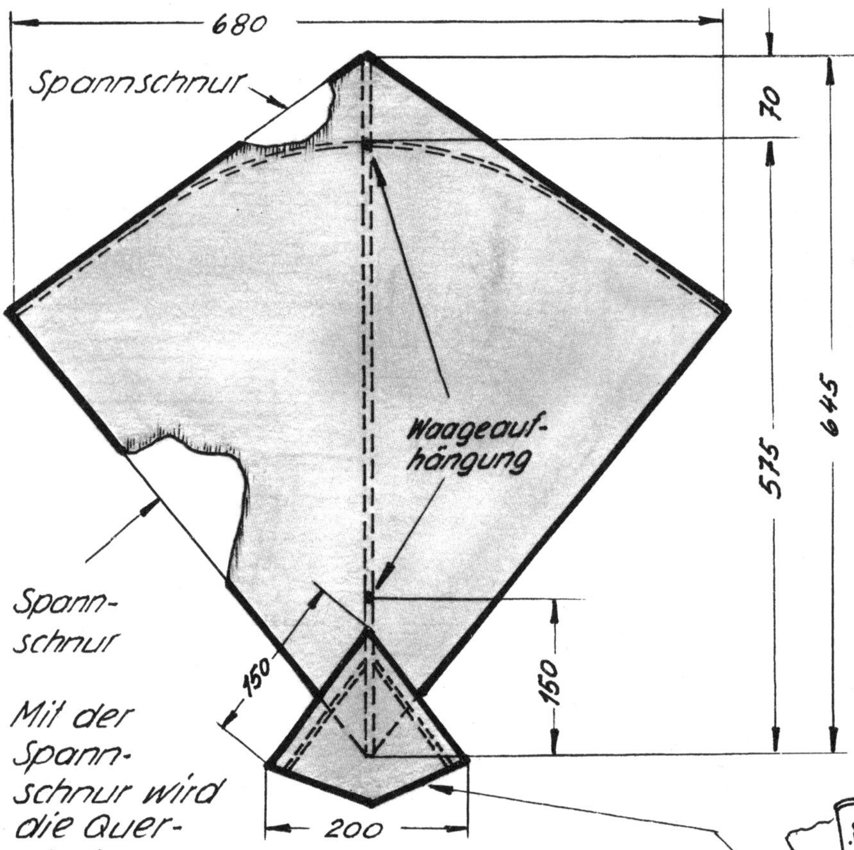

680

Spannschnur

70

Waage

Waageauf-
hängung

645

575

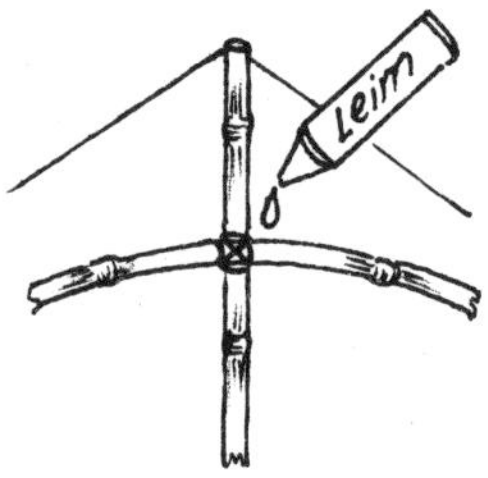

Kreuzungs-
punkt der
Streben ver
knoten und
verleimen.

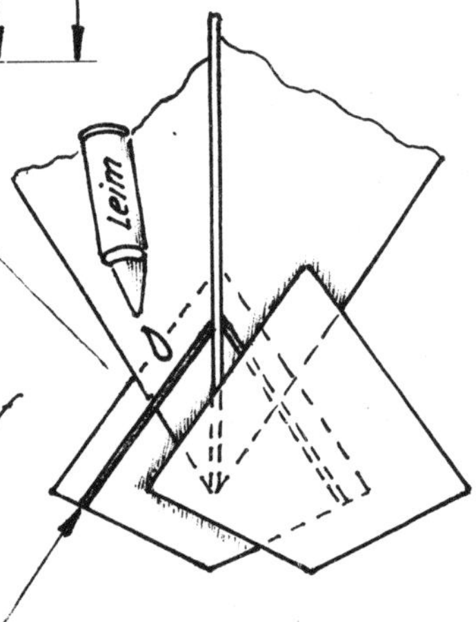

Spann-
schnur

150

150

Mit der
Spann-
schnur wird
die Quer-
strebe
gebogen.

200

Gestreckte Länge der
Querstrebe 765 mm.

Schwanz, aus zwei Stücken Papier, auf der Vorder- und Rückseite auf den Drachen kleben. Zur Verstärkung klebt ihr zwei flache Holzstäbchen mit ein.

Holzstäbchen

Gerüst:
Dünnes Bam-
busrohr
(eventuell
gespalten).

Bespannung:
Papier oder
Plastikfolie.

Nagasaki

Dieser Kampfdrachen ist ein flinker und wendiger Typ. Er wird ohne Schwanz geflogen.
Als Verzierung könnt ihr an den Querstreben-enden Fransen oder Bändchen anbringen.

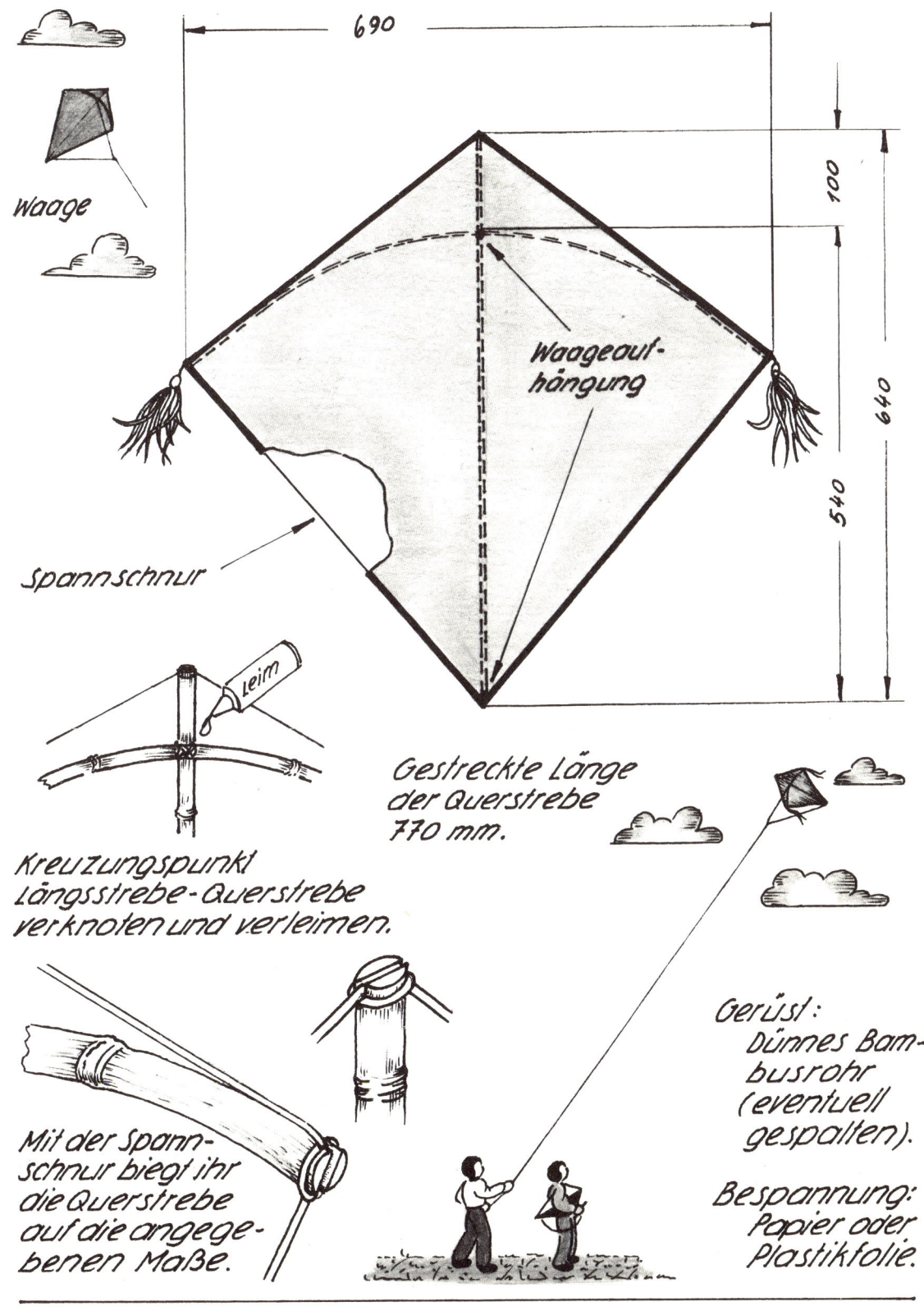

690

100

640

540

Waage

Waageauf-
hängung

Spannschnur

Gestreckte Länge
der Querstrebe
770 mm.

Leim

Kreuzungspunkt
Längsstrebe-Querstrebe
verknoten und verleimen.

Gerüst:
Dünnes Bam-
busrohr
(eventuell
gespalten).

Bespannung:
Papier oder
Plastikfolie.

Mit der Spann-
schnur biegt ihr
die Querstrebe
auf die angege-
benen Maße.

Thai-Chula

Dieser schöne Vogel läßt sich etwas schwer starten.
Hat er erst einmal Wind von 15 km/Std (etwa Windstärke 3)
unter seinen Flügeln, verhält er sich ruhig und
steht stabil.

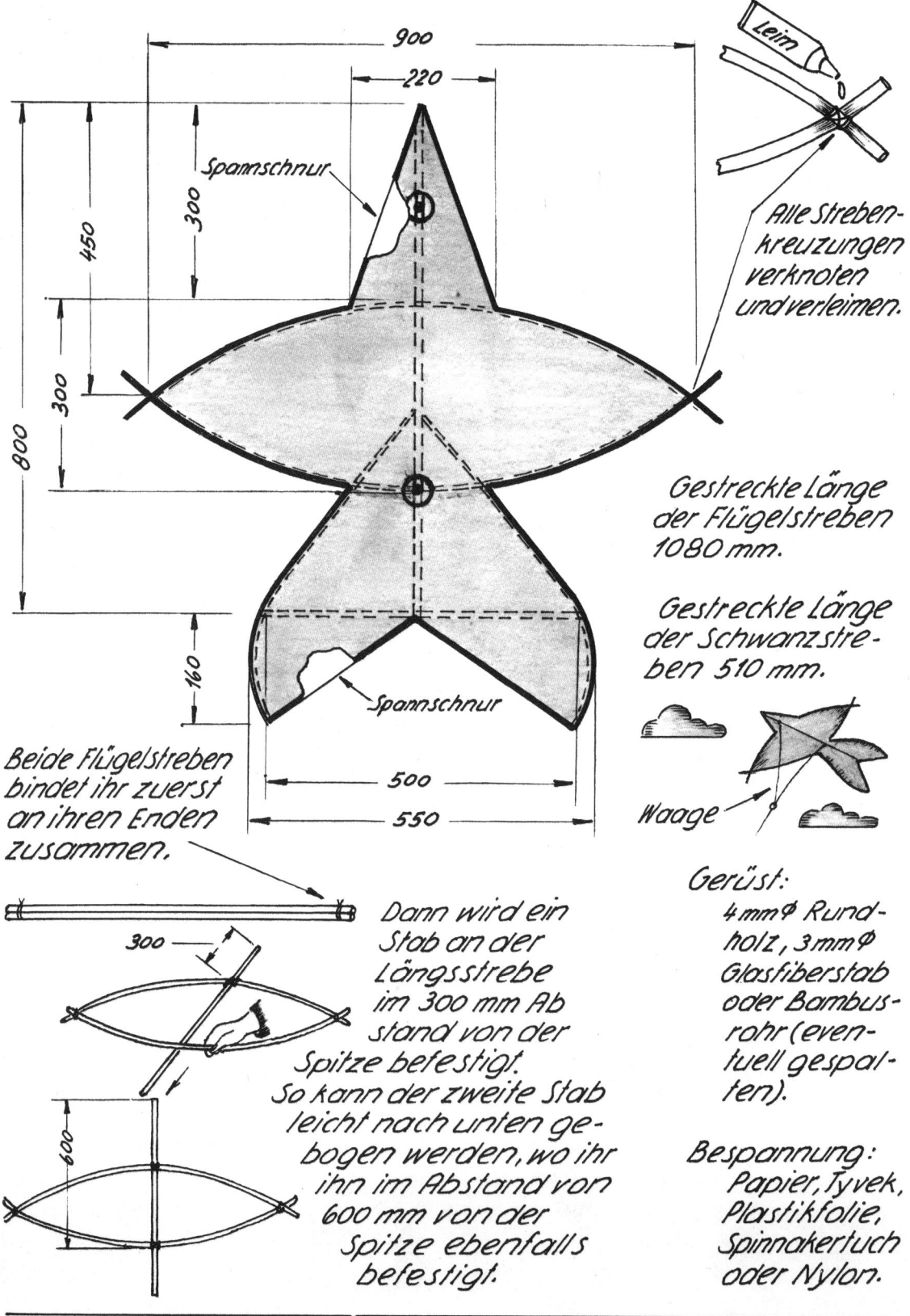

Alle Streben-
kreuzungen
verknoten
und verleimen.

Gestreckte Länge
der Flügelstreben
1080 mm.

Gestreckte Länge
der Schwanzstre-
ben 510 mm.

Waage

Beide Flügelstreben
bindet ihr zuerst
an ihren Enden
zusammen.

Dann wird ein
Stab an der
Längsstrebe
im 300 mm Ab
stand von der
Spitze befestigt.
So kann der zweite Stab
leicht nach unten ge-
bogen werden, wo ihr
ihn im Abstand von
600 mm von der
Spitze ebenfalls
befestigt.

Gerüst:
4 mmØ Rund-
holz, 3 mmØ
Glasfiberstab
oder Bambus-
rohr (even-
tuell gespal-
ten).

Bespannung:
Papier, Tyvek,
Plastikfolie,
Spinnakertuch
oder Nylon.

Kastendrachen

Alle Kastendrachen haben ein sehr ruhiges, stabiles Flugverhalten.
Da sie neben den Auftriebsflächen auch viele Stabilisationsflächen besitzen, benötigen sie keinen Schwanz.
Die Grundform des Kastendrachens ist in der westlichen Welt schon lange bekannt. Berühmte Drachen mit Namen wie Cody, Conyne und Hargrave wurden für die verschiedensten Versuche benutzt. Ihr Auftrieb im Gespannflug ist so groß, daß sogar heute noch Kastendrachen als Lastträger z.B. für meteorologische Geräte, Kameras und abenteuerlustiger Menschen dienen.

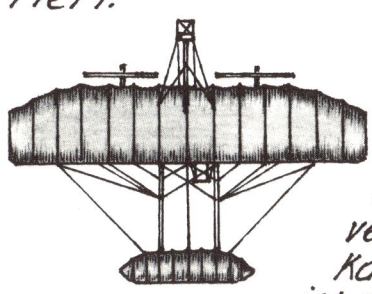

Durch Flugversuche mit Kastendrachen ist auch der Doppeldecker der Gebrüder Wright entstanden.

Zur Bespannung eignet sich am besten Gewebe, aber auch Folien, Tyvek und Spinnakertuch können verwendet werden. Papier ist nicht immer geeignet, da ein Kastendrachen aufgrund seiner Größe im flugfähigen Zustand für den Transport zerlegbar sein sollte.

Kastendrachen (einfachste Ausführung)

Kastendrachen gehören zu den zuverlässigsten Flugmodellen. Sie zeichnen sich durch ein schnelles Steigvermögen aus.

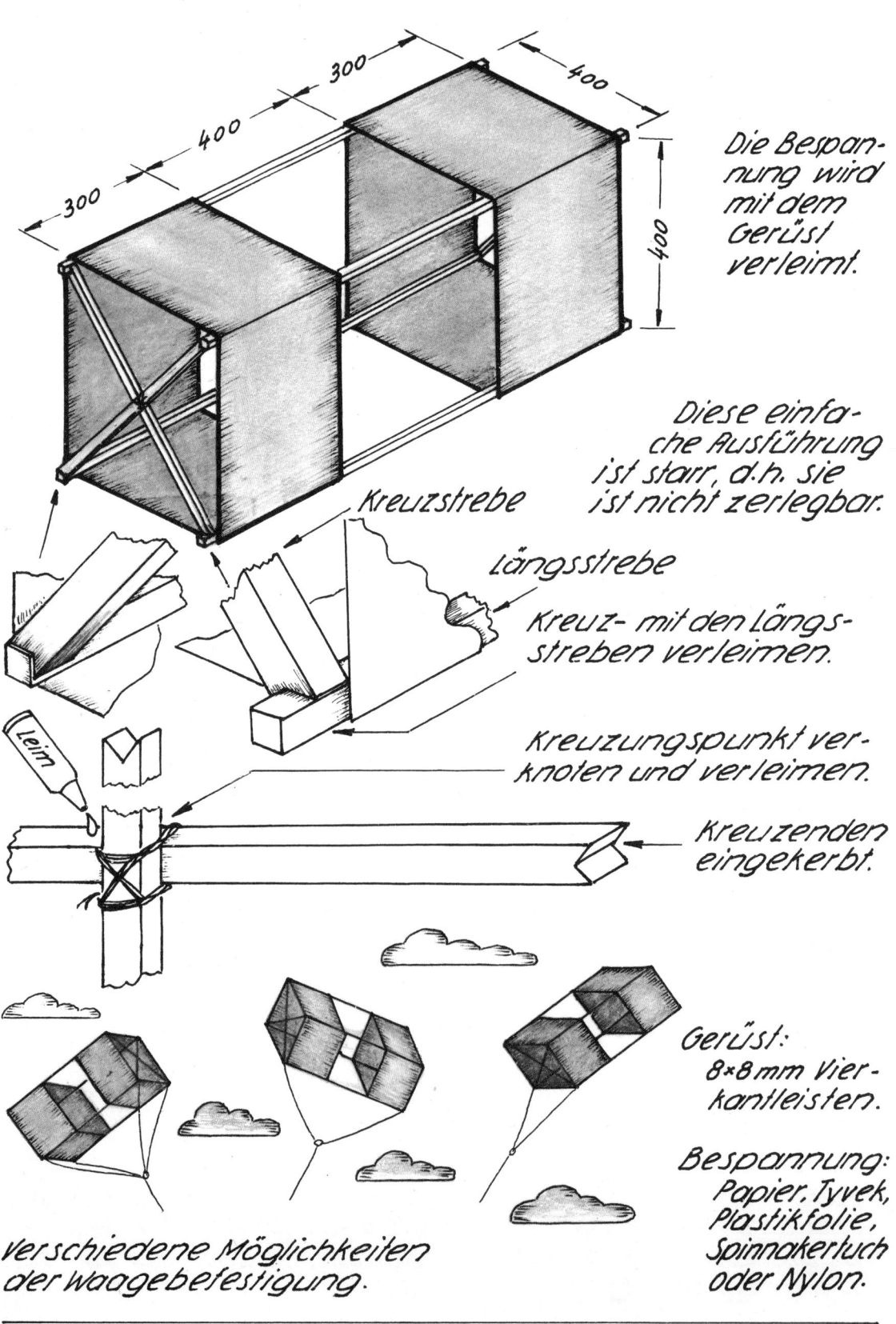

300
400
300
400
400

Die Bespannung wird mit dem Gerüst verleimt.

Diese einfache Ausführung ist starr, d.h. sie ist nicht zerlegbar.

Kreuzstrebe

Längsstrebe

Kreuz- mit den Längsstreben verleimen.

Kreuzungspunkt verknoten und verleimen.

Leim

Kreuzenden eingekerbt.

Gerüst: 8×8 mm Vierkantleisten.

Bespannung: Papier, Tyvek, Plastikfolie, Spinnakertuch oder Nylon.

Verschiedene Möglichkeiten der Waagebefestigung.

Kastendrachen (zerlegbar)

Damit die Bespannung nicht verrutschen kann, verbindet ihr beide Teile über den vier Längsstreben mit einer Schnur.

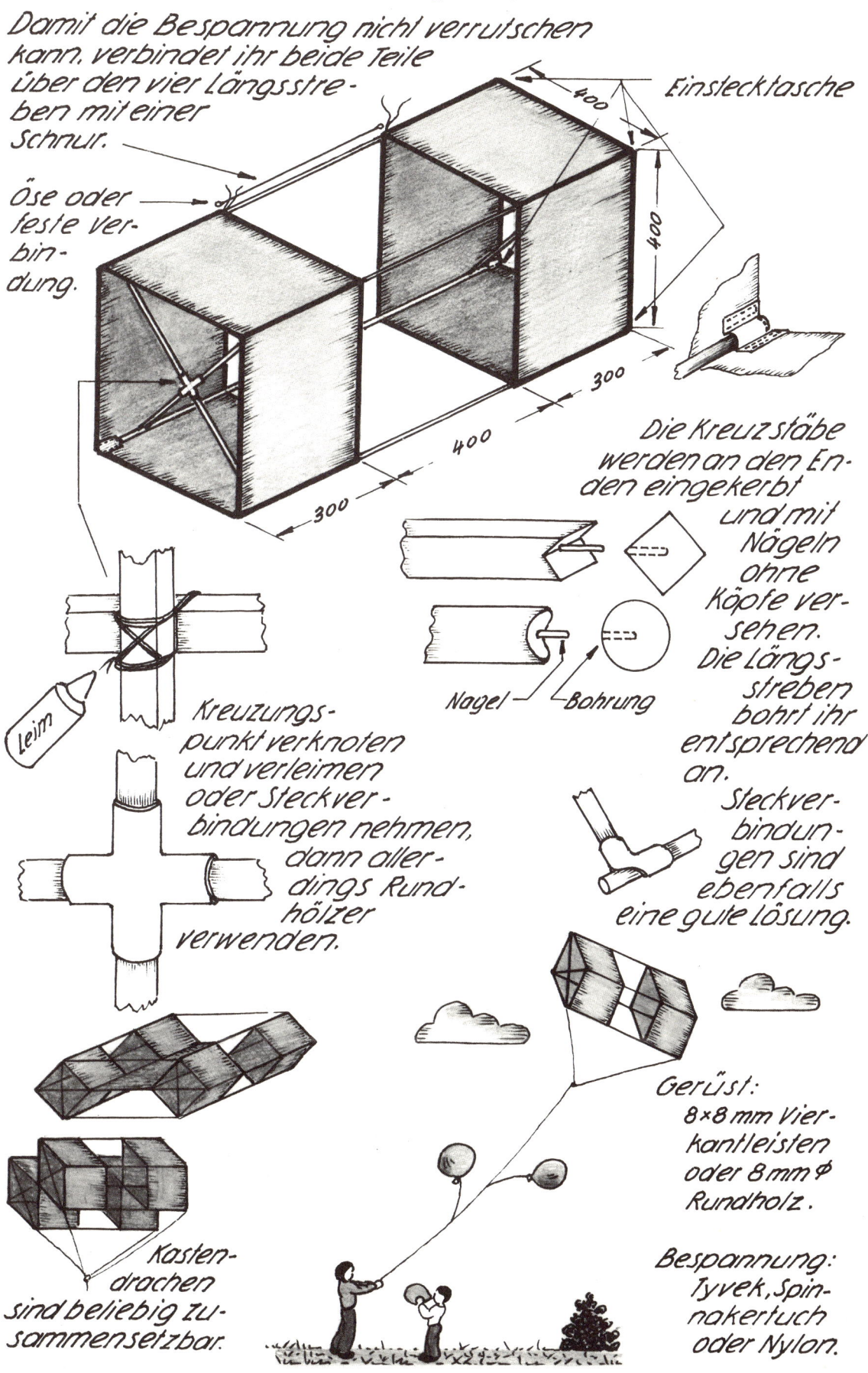

Öse oder feste Verbindung.

Einstecktasche

400

400

400

300

300

Die Kreuzstäbe werden an den Enden eingekerbt und mit Nägeln ohne Köpfe versehen. Die Längsstreben bohrt ihr entsprechend an.

Nagel — Bohrung

Kreuzungspunkt verknoten und verleimen oder Steckverbindungen nehmen, dann allerdings Rundhölzer verwenden.

Leim

Steckverbindungen sind ebenfalls eine gute Lösung.

Gerüst:
8×8 mm Vierkantleisten oder 8 mm ⌀ Rundholz.

Bespannung:
Tyvek, Spinnakertuch oder Nylon.

Kastendrachen sind beliebig zusammensetzbar.

Geflügelter Dreieck-Kastendrachen

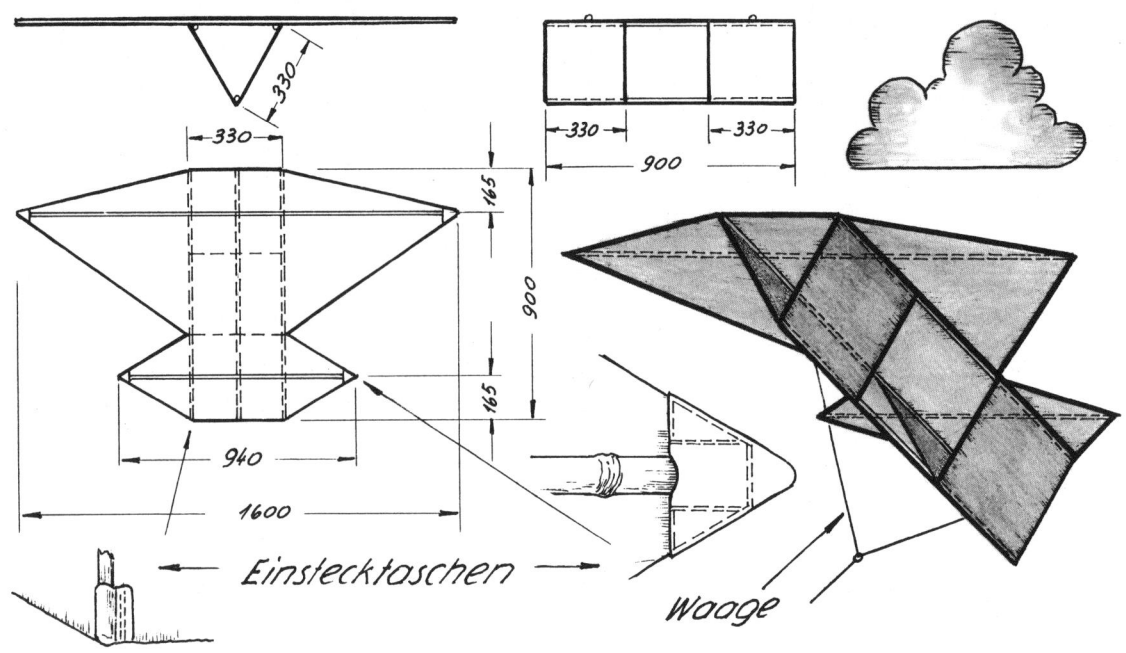

330   330   330   900   165   900   165   940   1600

Einstecktaschen   Waage

Gerüst:
8 mm∅ Rund-
holz oder
Bambusrohr.

Bespannung:
Starke Folie,
Tyvek, Spin-
nakertuch
oder Nylon.

Französischer Signaldrachen

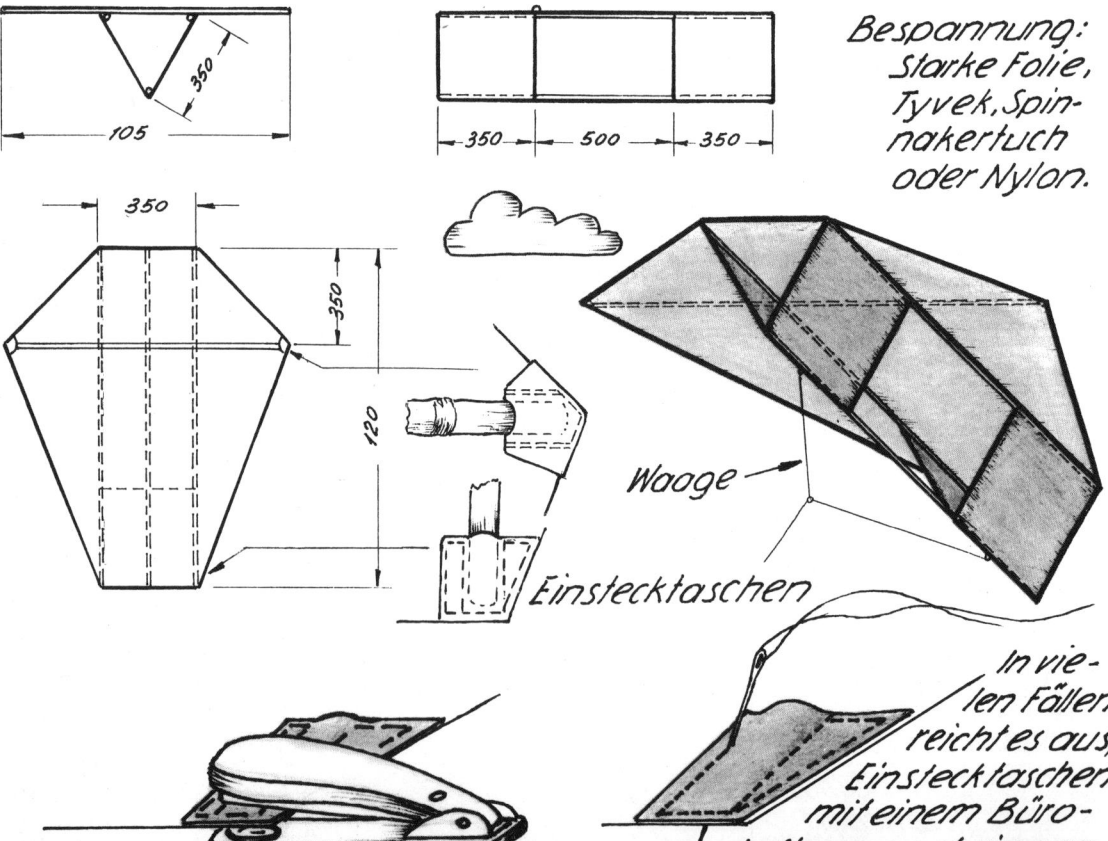

350   105   350   500   350

350   350   120

Waage

Einstecktaschen

In vie-
len Fällen
reicht es aus,
Einstecktaschen
mit einem Büro-
hefter anzubringen.

Bei hohen Belastungen werden sie angenäht.

Geflügelter Viereck-Kastendrachen

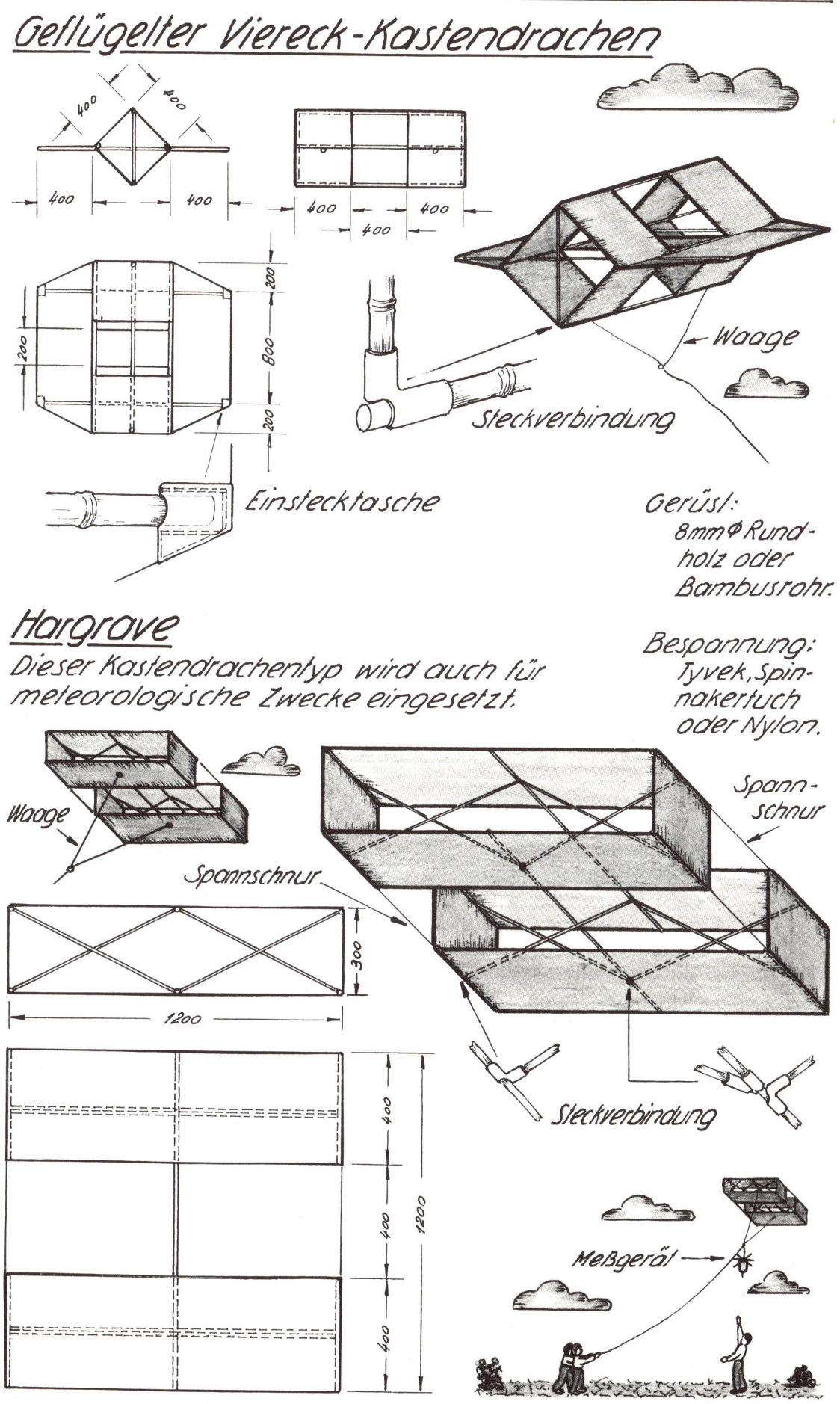

400 · 400 · 400 · 400

400 · 400 · 400

200 · 200 · 800 · 200 · 200

Waage

Steckverbindung

Einstecktasche

Gerüst:
8 mm ⌀ Rund-
holz oder
Bambusrohr.

Bespannung:
Tyvek, Spin-
nakertuch
oder Nylon.

Hargrave

Dieser Kastendrachentyp wird auch für
meteorologische Zwecke eingesetzt.

Waage

Spannschnur

Spann-
schnur

300

1200

400 · 400 · 400 · 1200

Steckverbindung

Meßgerät

Cody

Der Amerikaner Samuel Franklin Cody ist der Erfinder dieses
Drachentyps und gab ihm seinen Namen. Im Jahre 1903
überquerte er in einem Boot, das von einem größeren
„Cody" gezogen wurde, den Ärmelkanal.

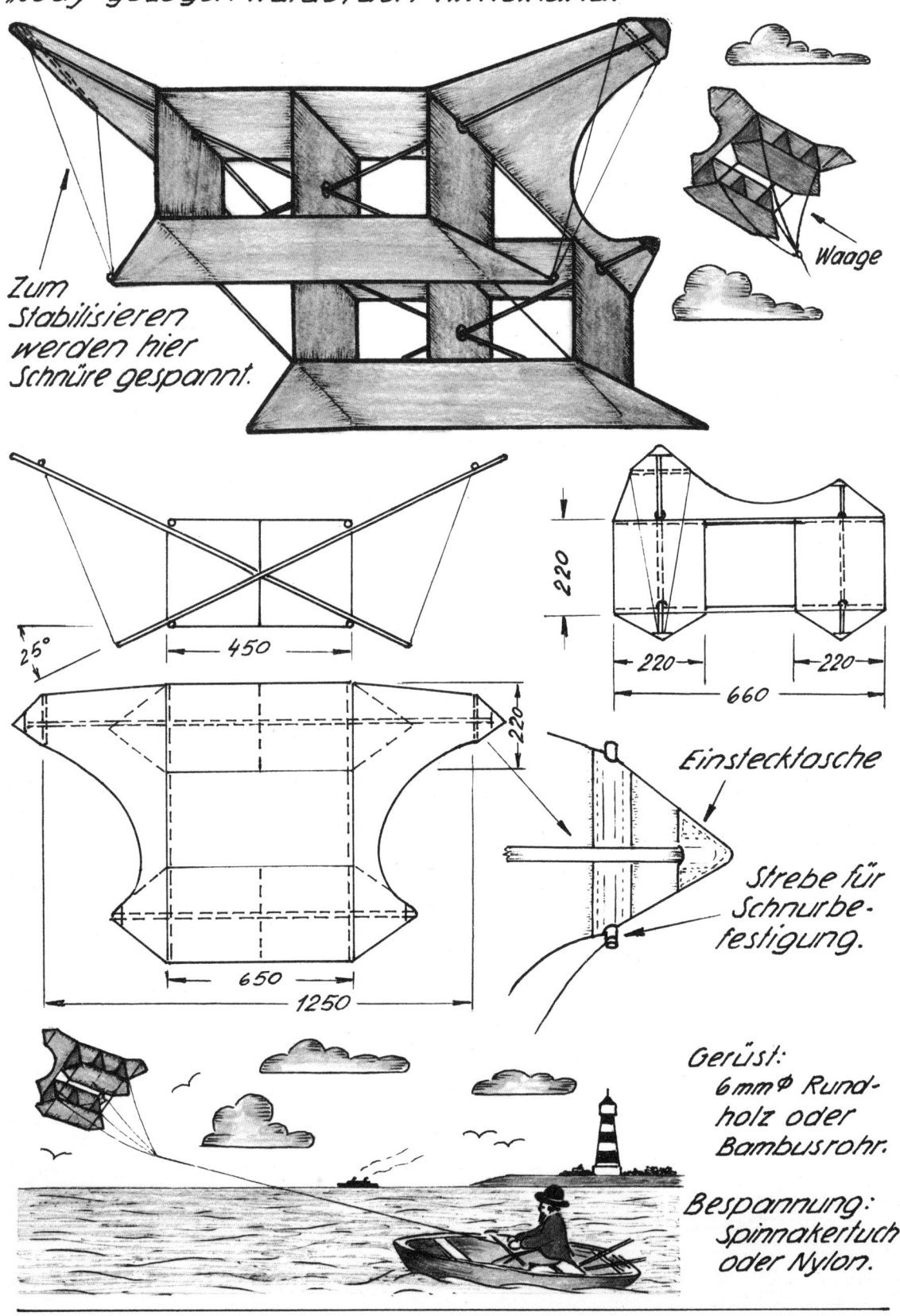

Zum
Stabilisieren
werden hier
Schnüre gespannt.

Waage

220

220   220

660

25°

450

220

650

1250

Einstecktasche

Strebe für
Schnurbe-
festigung.

Gerüst:
6 mm⌀ Rund-
holz oder
Bambusrohr.

Bespannung:
Spinnakertuch
oder Nylon.

Flexible Drachen

Flexible (stablose) Drachen sind
eine Besonderheit. Diese Modelle besitzen kein Gerüst.
Sie sind so konstruiert,
daß ihnen vom Wind
eine flugfähige
Form gege-
ben wird.

Beim Schlittendrachen geschieht dies durch sich
nach hinten verjüngende Röhren,
die sich während des Flugs wie
ein Windsack mit Luft füllen.

Eines der ausgereiftesten Modelle
dieser Gruppe ist der Parafoil.
Er hat mehrere Luftkammern, die im Windstrom die
Form einer Flugzeugtragfläche annehmen.

Sicherlich werdet ihr schon Fallschirmspringer beob-
achtet haben, die an rechteckigen (anstatt runden)
Fallschirmen zur Erde schwebten.
Diese „Matratzen" sind ähnlich
aufgebaut wie Parafoils.

Weiterentwickelte Formen dieses Drachentyps finden auch
bei verschiedenen anderen sport-
lichen Veranstal-
tungen Ver-
wendung.

Flexible Drachen

Alle flexiblen Drachen sind sehr leicht, benötigen aber trotzdem mehr Wind als ihre „Gerüstbrüder", weil ihre Form beim Start erst aufgebläht werden muß.

Zum Transport können sie gut zusammengefaltet werden. Kleinere Ausführungen könnt ihr sogar in die Jackentasche stecken.

Das Trimmen der mehrschnürigen Waagen läßt sich wesentlich vereinfachen, wenn ihr sie mit Schnellspannern verseht.

Beim Zusammennähen achtet bitte auf saubere Nähte, denn fehlerhafte Nähte neigen unter starkem Winddruck leicht zum Weiterreißen.

Wer nicht nähen will, aber trotzdem ein derartiges Modell möchte, kann es auch aus anderen Materialien anfertigen.

Wie wäre es z.B. mit einer „Matratze" aus Styropor, Schaumstoff, Pappe oder ähnlichem leichten Material?

Die ausgeschnittenen Teile werden nur zusammengeklebt. Denkt aber daran, daß ihr Styropor nur mit Holzleim verkleben könnt!

Leim

Beispiel

Schlittendrachen *(stablos)*

Hier zeigen wir euch einen Drachen, den ihr immer bei euch haben könnt. Er wird einfach in die Jackentasche gesteckt.
Seine Form erhält er durch die Luftschläuche, die vom Wind aufgebläht werden. Eine Waageeinstellung ist überflüssig, weil sich dieser Drachen automatisch jeder Windstärke anpaßt.

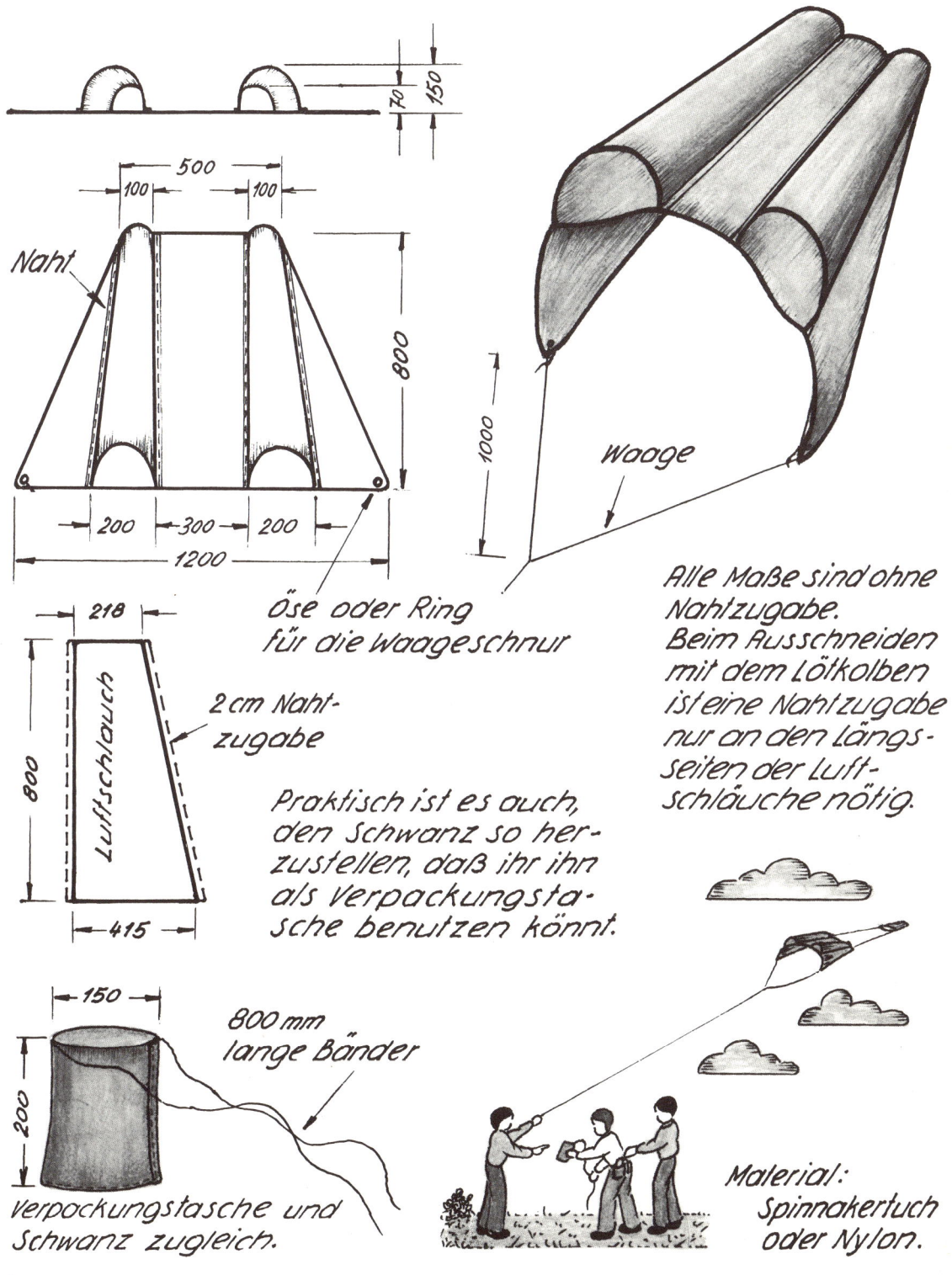

150
70

500
100 100

Naht

800

1200
200 300 200

1000

Waage

Öse oder Ring
für die Waageschnur

218

Luftschlauch

800

2 cm Naht-
zugabe

415

Alle Maße sind ohne Nahtzugabe.
Beim Ausschneiden mit dem Lötkolben ist eine Nahtzugabe nur an den Längs-seiten der Luft-schläuche nötig.

Praktisch ist es auch, den Schwanz so her-zustellen, daß ihr ihn als Verpackungsta-sche benutzen könnt.

150

800 mm
lange Bänder

200

Verpackungstasche und
Schwanz zugleich.

Material:
Spinnakertuch
oder Nylon.

Vierzelliger Parafoil

Dieser stablose Drachen wird auch fliegende Matratze genannt. Sein Profil wurde dem eines Flugzeugflügels nachempfunden.

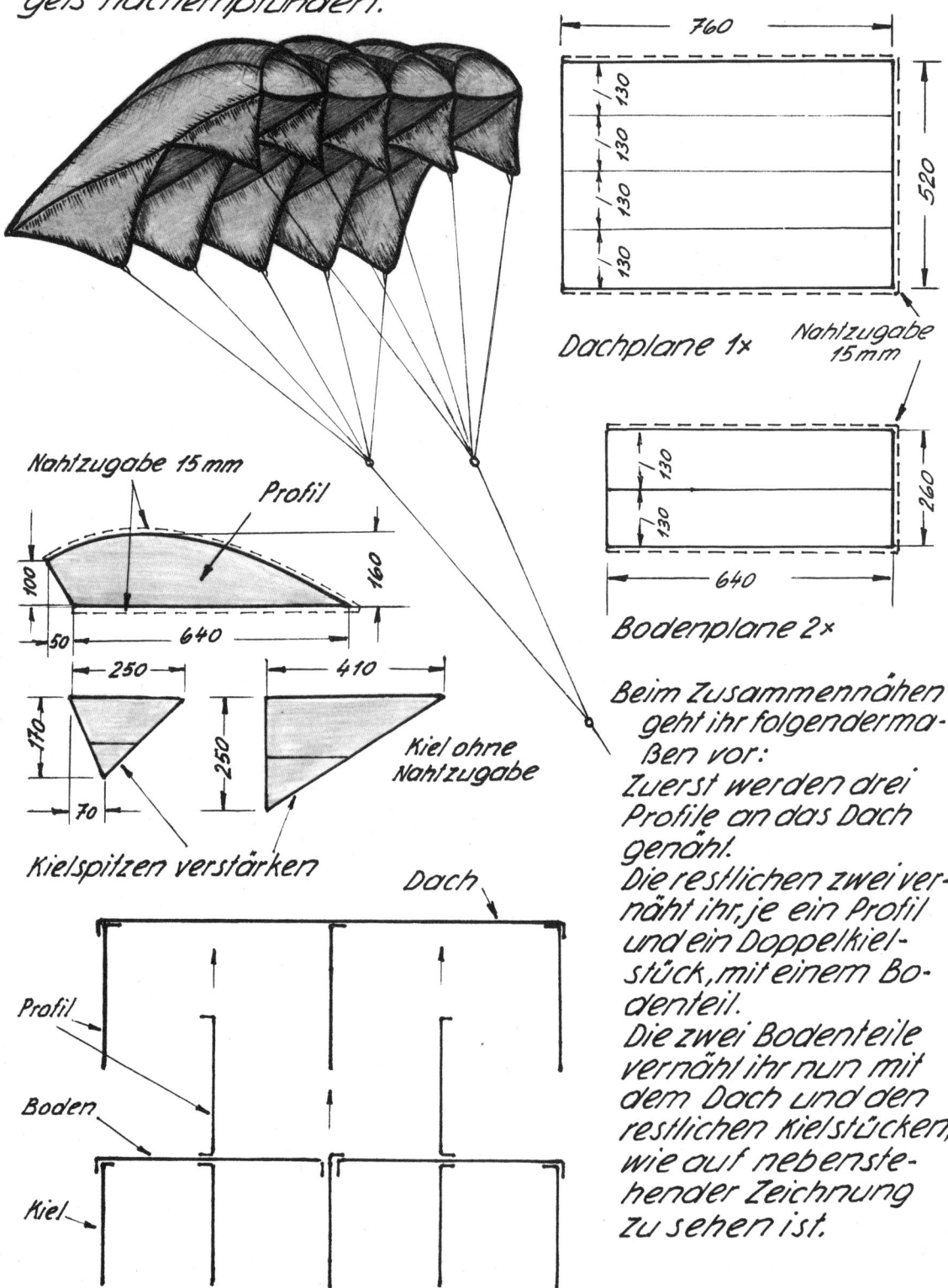

760

130 / 130
130
130
130

520

Dachplane 1x

Nahtzugabe 15mm

Nahtzugabe 15 mm

Profil

100
160
50
640

130
130

260

640

Bodenplane 2x

250
410

170
250

70

Kiel ohne Nahtzugabe

Kielspitzen verstärken

Beim Zusammennähen geht ihr folgendermaßen vor:
Zuerst werden drei Profile an das Dach genäht.
Die restlichen zwei vernäht ihr, je ein Profil und ein Doppelkielstück, mit einem Bodenteil.
Die zwei Bodenteile vernäht ihr nun mit dem Dach und den restlichen Kielstücken, wie auf nebenstehender Zeichnung zu sehen ist.

Dach

Profil

Boden

Kiel

Wenn ihr mit dem Lötkolben ausschneidet, erspart ihr euch die Arbeit des Umsäumens.

Material:
Spinnakertuch oder Nylon.

Luftfracht

Transport-
schlitten

Schwebt euer Drachen hoch und ruhig am
Himmel, ist der Spaß des Drachensteigen-
lassens noch lange nicht vorbei.

Auch die gestraffte Zugleine bietet viele Spiel-
möglichkeiten.
Am einfachsten ist es, wenn ihr eurem Modell
ein paar bunte Luftballons schickt, die ihm
da oben Gesellschaft leisten.
Bunte Fähnchen, Wimpel und Schweife, die
an der Leine angebunden sind und lustig
im Wind flattern, sehen sehr gut aus.

Was sonst noch alles gemacht werden kann,
schildern wir auf den nächsten Seiten.

Transportschlitten
(mit Rücklaufvorrichtung)

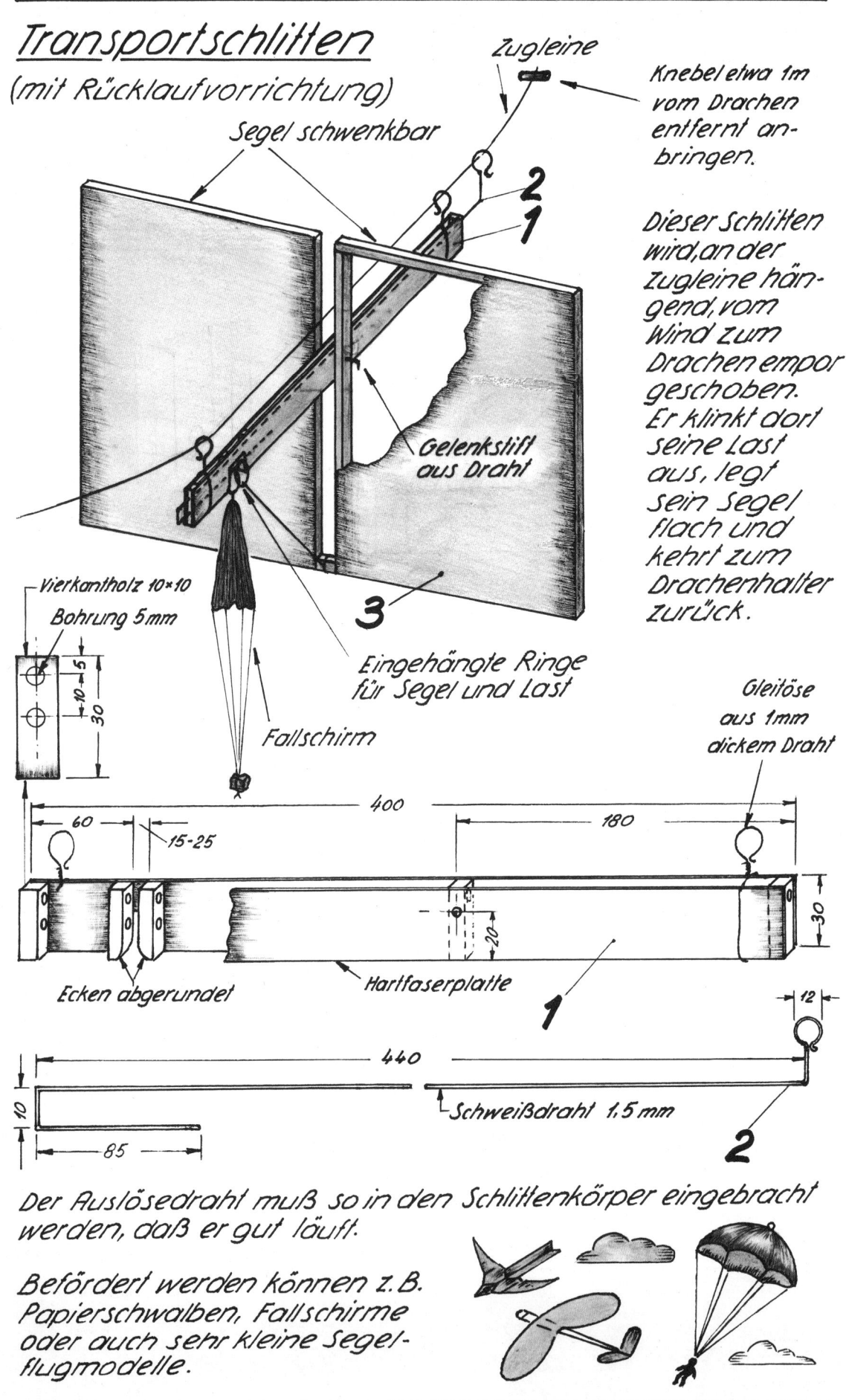

Segel schwenkbar

Zugleine

Knebel etwa 1m vom Drachen entfernt anbringen.

Dieser Schlitten wird, an der Zugleine hängend, vom Wind zum Drachen empor geschoben. Er klinkt dort seine Last aus, legt sein Segel flach und kehrt zum Drachenhalter zurück.

Gelenkstift aus Draht

Vierkantholz 10×10
Bohrung 5mm
5
10
30

Eingehängte Ringe für Segel und Last

Fallschirm

Gleitöse aus 1mm dickem Draht

400
60
15-25
180
30

Ecken abgerundet

Hartfaserplatte

20

1

12

440

Schweißdraht 1,5 mm

10

85

2

Der Auslösedraht muß so in den Schlittenkörper eingebracht werden, daß er gut läuft.

Befördert werden können z.B. Papierschwalben, Fallschirme oder auch sehr kleine Segelflugmodelle.

Ausklinkmechanik

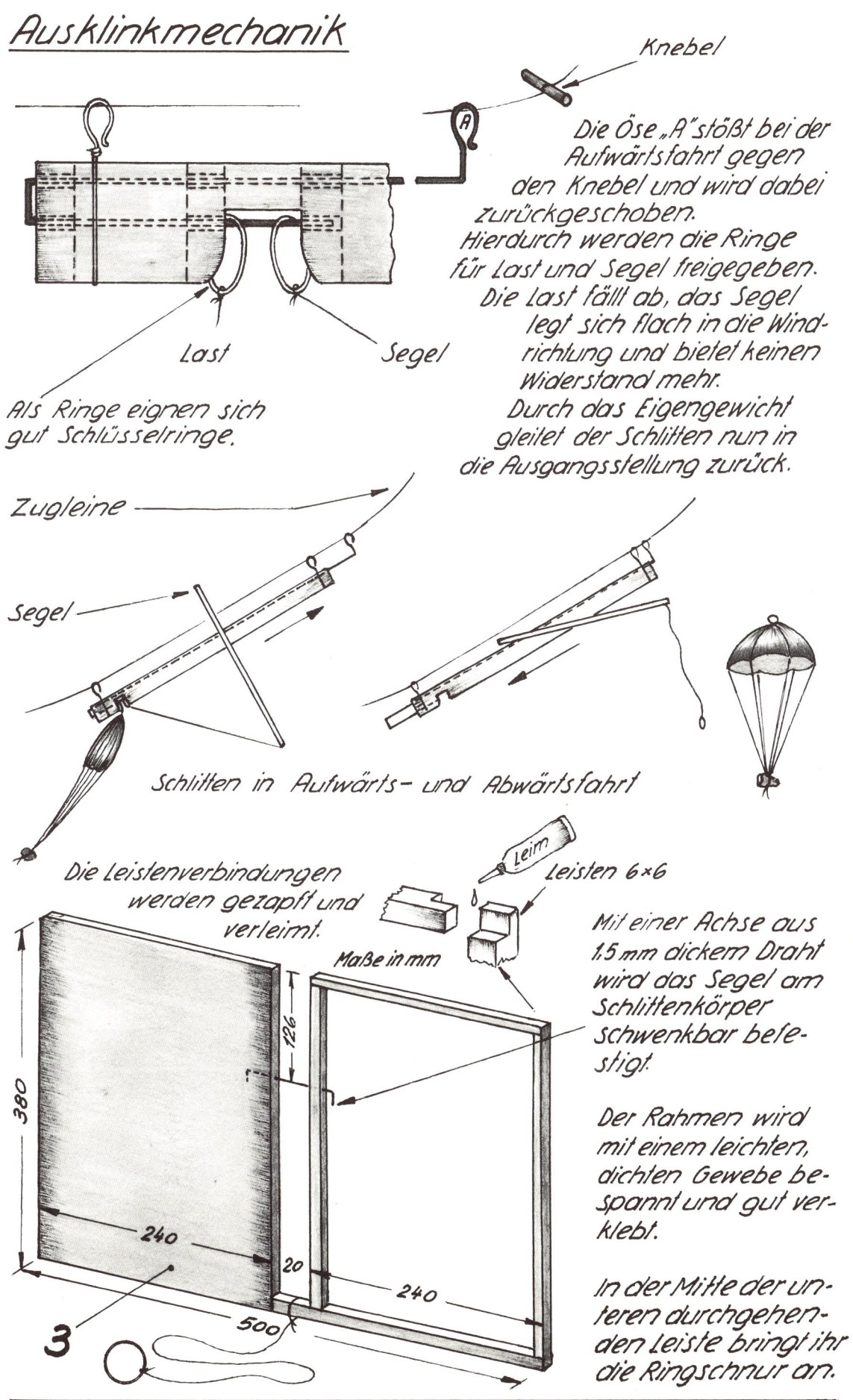

Knebel

Die Öse „A" stößt bei der Aufwärtsfahrt gegen den Knebel und wird dabei zurückgeschoben. Hierdurch werden die Ringe für Last und Segel freigegeben. Die Last fällt ab, das Segel legt sich flach in die Windrichtung und bietet keinen Widerstand mehr. Durch das Eigengewicht gleitet der Schlitten nun in die Ausgangsstellung zurück.

Last

Segel

Als Ringe eignen sich gut Schlüsselringe.

Zugleine

Segel

Schlitten in Aufwärts- und Abwärtsfahrt

Die Leistenverbindungen werden gezapft und verleimt.

Leim

Leisten 6×6

Maße in mm

Mit einer Achse aus 1,5 mm dickem Draht wird das Segel am Schlittenkörper schwenkbar befestigt.

Der Rahmen wird mit einem leichten, dichten Gewebe bespannt und gut verklebt.

In der Mitte der unteren durchgehenden Leiste bringt ihr die Ringschnur an.

380

126

240

20

240

3

500

Transportschlitten aus Bambusrohr

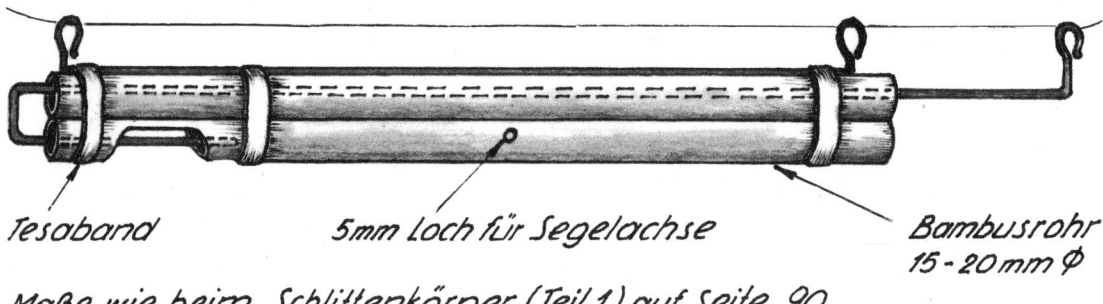

Tesaband   5mm Loch für Segelachse   Bambusrohr 15 - 20 mm ⌀

Maße wie beim Schlittenkörper (Teil 1) auf Seite 90.

Segelgestell aus Draht

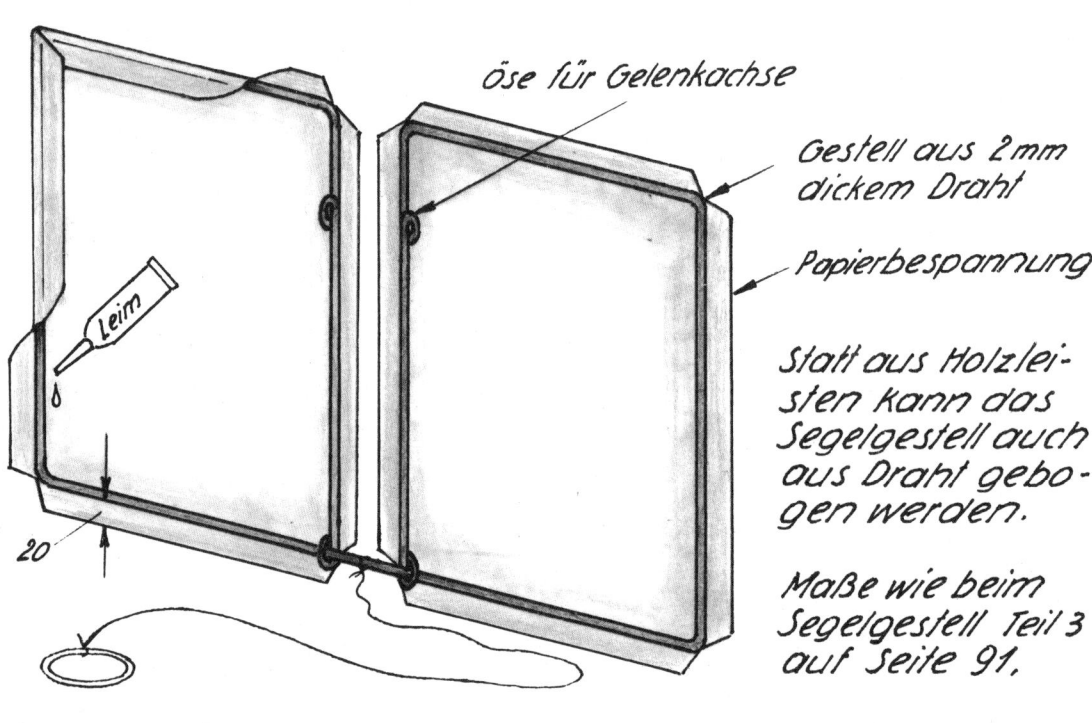

öse für Gelenkachse

Gestell aus 2mm dickem Draht

Papierbespannung

Statt aus Holzleisten kann das Segelgestell auch aus Draht gebogen werden.

Maße wie beim Segelgestell Teil 3 auf Seite 91.

Leim

20

Fallschirm

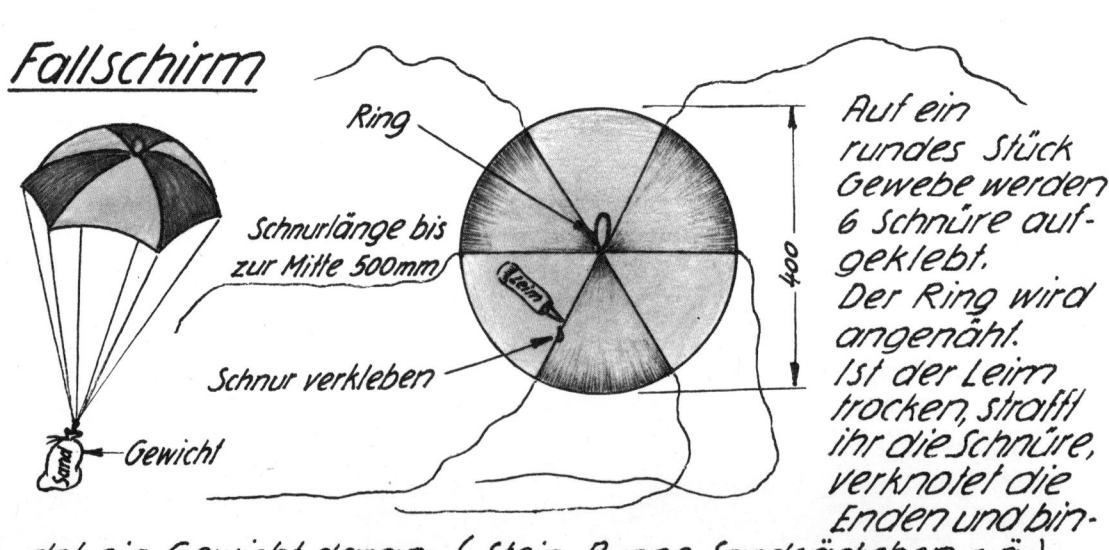

Ring

Schnurlänge bis zur Mitte 500mm

Schnur verkleben

Gewicht

400

Auf ein rundes Stück Gewebe werden 6 Schnüre aufgeklebt. Der Ring wird angenäht. Ist der Leim trocken, strafft ihr die Schnüre, verknotet die Enden und bindet ein Gewicht daran (Stein Puppe Sandsäckchen o.ä.).

Konfettistreudose

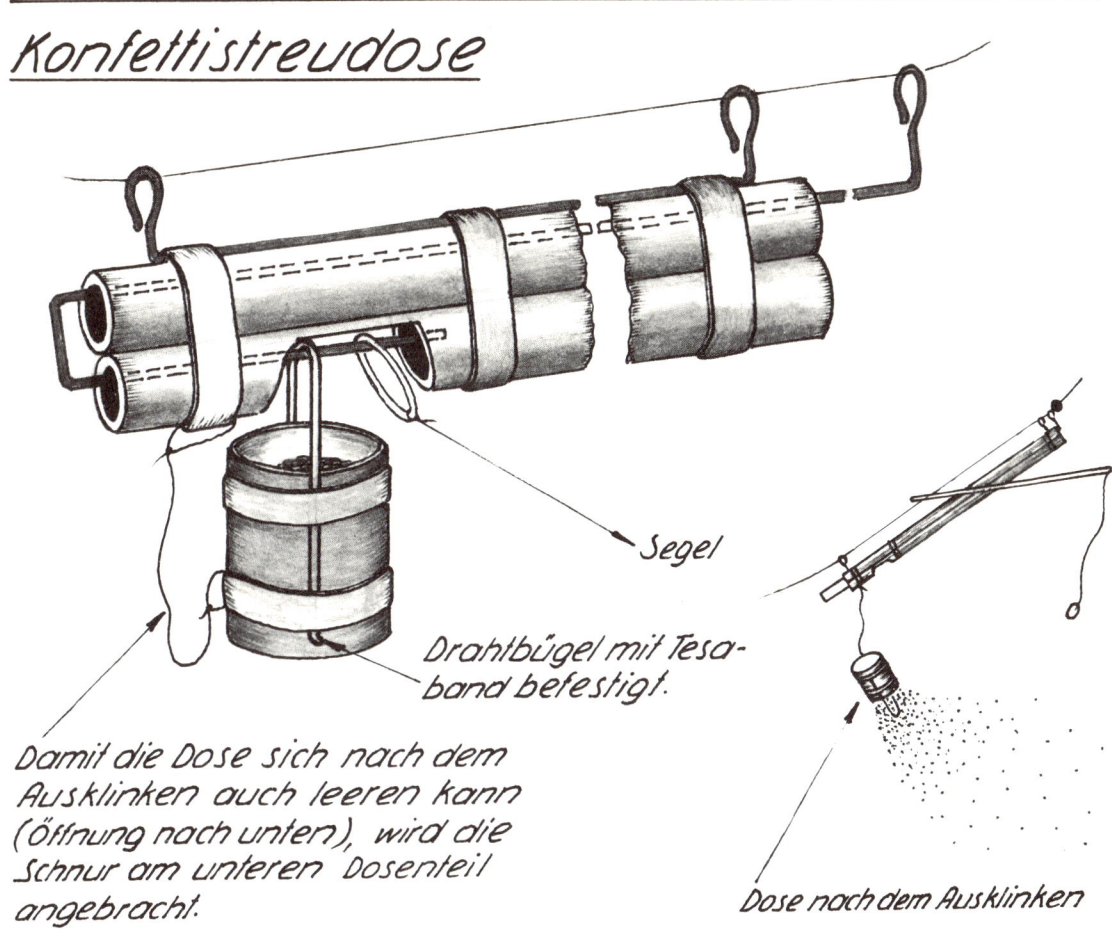

Segel

Drahtbügel mit Tesa-
band befestigt.

Damit die Dose sich nach dem
Ausklinken auch leeren kann
(Öffnung nach unten), wird die
Schnur am unteren Dosenteil
angebracht.

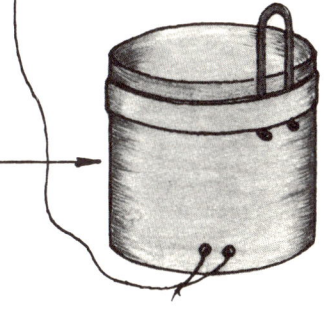

Dose nach dem Ausklinken

Fahnenschnur

In einer Konservendose können auch noch
andere Gegenstände befördert werden.
In diesem Fall sollte die Aufhängeöse
jedoch seitlich angebracht sein, damit sich
das Frachtgut nicht am Bügel verfangen
kann.
Es können z.B. 2 oder mehr Fallschirme
oder auch eine Fahnenschnur eingelegt
werden.

Gewicht

Luftpost

Die einfachste und
für kleine Drachen
gut geeignete Art,
etwas nach oben
zu schicken,
ist diese
Postbeför-
derung.

Ein Stück Papier
bekommt in der
Mitte ein Loch,
wird einfach auf
die Zugleine gesteckt
und ab geht die Post.

Flugkörper aus Abfall

Auch aus Abfallmaterial könnt ihr allerhand
flugfähige Objekte bauen.
Geeignet ist alles, was
leicht genug und halb-
wegs stabil ist.
Da solche Materialien fast
immer umsonst zu bekom-
men sind, solltet ihr
ruhig ein wenig damit
experimentieren.

Wichtig dabei ist, daß die Waage entsprechend der
Regel angebracht und das Gesetz der Symmetrie beachtet wird.

Asymmetrische Formen

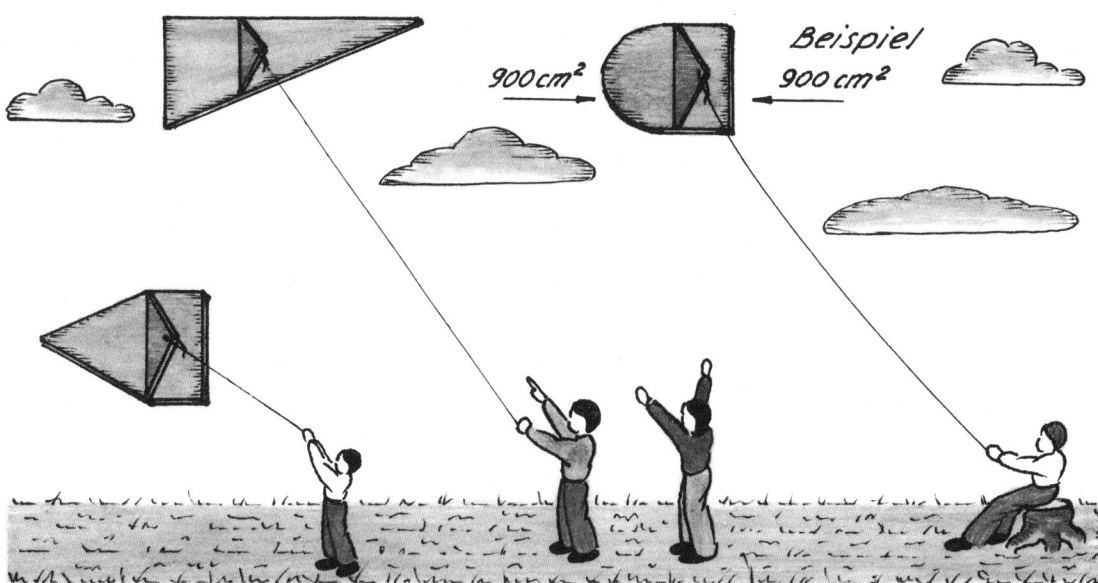

900 cm²   Beispiel
900 cm²

Achtet bitte bei diesen unregelmäßigen Formen aus
Styroporplatte darauf, daß der Flächeninhalt in cm²
beiderseits der Waage (Kiel) exakt gleich groß ist.

Dadurch hat der Wind, trotz unterschiedlicher Form,
beiderseits der Waage eine gleich große Angriffsflä-
che und bringt euer Modell nach oben.

Arbeiten mit Styropor

Styropor ist ein sehr leichtes, gut zu verarbeitendes, aber brüchiges Material.
Schneiden läßt es sich leicht mit einem scharfen Küchenmesser.

Verkleben könnt ihr Styropor auch, aber nur mit Holzleim.

Seiner Brüchigkeit wegen bedarf dieses Material einiger Verstärkungsmaßnahmen, besonders im Zugleinenbereich.

So klebt ihr zwei Styroporplatten zusammen.

Holzstäbchen

Holzstäbchen

Nähnadel

Zwirn

Zugleine

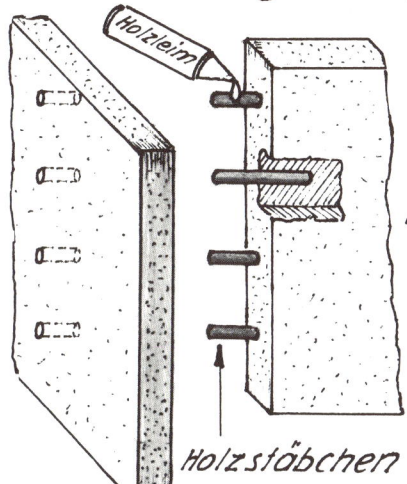

Holzstäbchen vernähen und verleimen.

Eine stabile Zugleinenbefestigung für höhere Ansprüche.

Die Zugleine schlingt ihr auf der Plattenrückseite um Holzstäbchen. Damit diese seitlich nicht verrutschen, werden sie zusätzlich vernäht.

Eine andere Möglichkeit der Zugleinenbefestigung.

Holzstäbchen

Klebeband

Zugleine

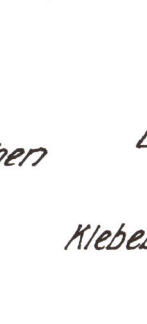

Klebeband

Schwanzaufhängung

Styropor - Flugmodelle

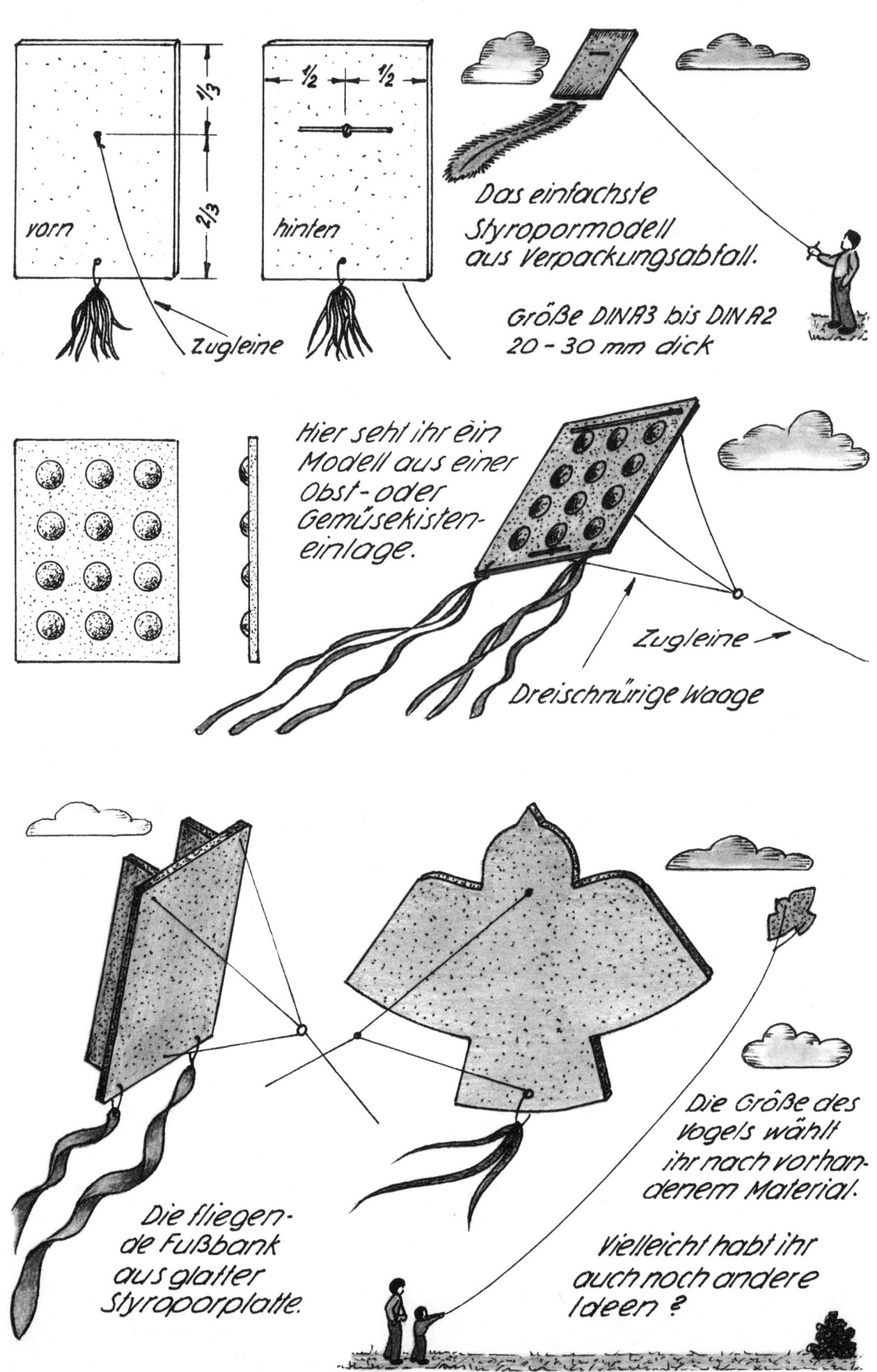

vorn

hinten

⅓

⅔

½ ½

Zugleine

Das einfachste
Styropormodell
aus Verpackungsabfall.

Größe DIN A3 bis DIN A2
20 - 30 mm dick

Hier seht ihr ein
Modell aus einer
Obst- oder
Gemüsekisten-
einlage.

Zugleine

Dreischnürige Waage

Die fliegen-
de Fußbank
aus glatter
Styroporplatte.

Die Größe des
Vogels wählt
ihr nach vorhan-
denem Material.

Vielleicht habt ihr
auch noch andere
Ideen ?

Diesen fliegenden
Koffer baut ihr euch
aus einer 30mm
dicken Styropor-
platte.

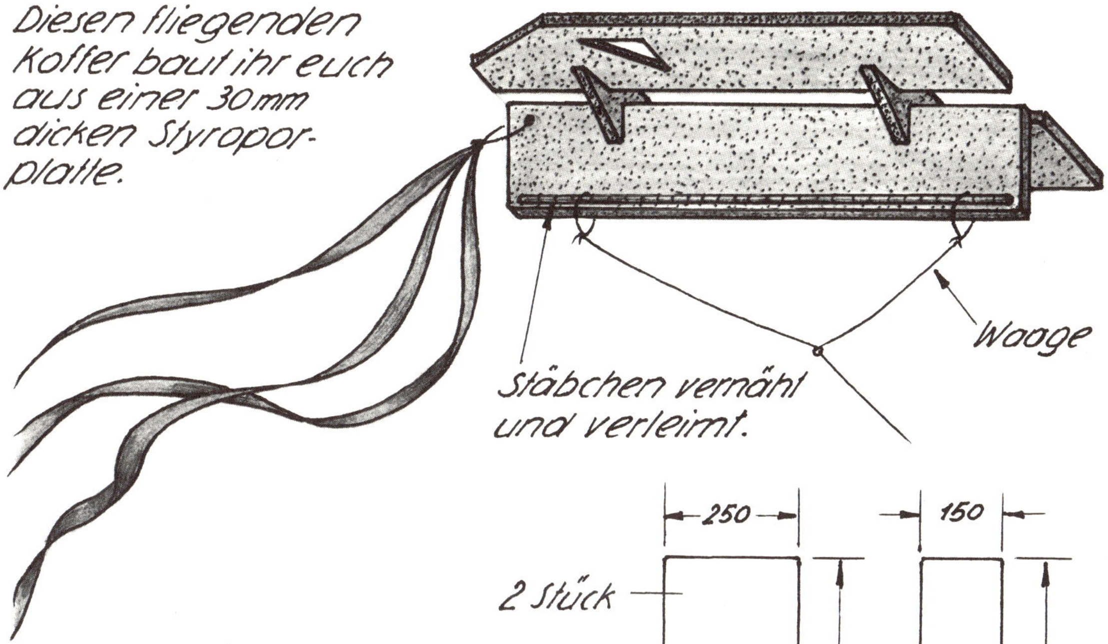

Waage

Stäbchen vernäht
und verleimt.

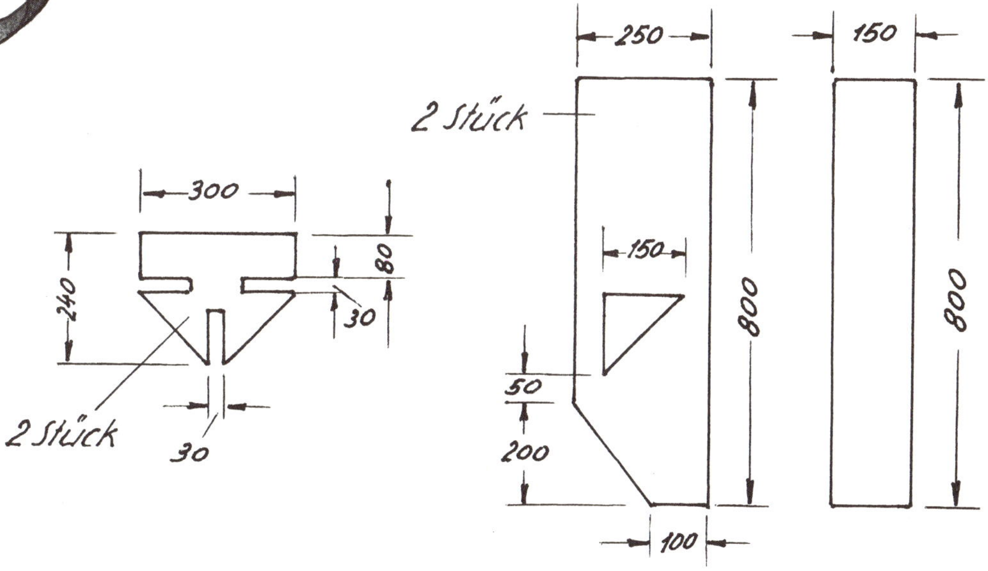

300

240

80

30

2 Stück

30

250

150

2 Stück

150

800

800

50

200

100

Alle Teile werden mit den Verstrebungsstücken zu-
sammengefügt und verleimt.

Styropormodelle könnt ihr
wie alle anderen Drachen
farblich gestalten.

Wasserfarben
und Filzstifte
werden von
Styropor gut
angenom-
men und
sind aus-
reichend
haltbar.

Drachenbotschaft

Ein lustiges und amüsantes Spiel ist es, dem Drachen
eine Botschaft zu senden.

Styroporreste eignen sich bestens zur Anfertigung
vieler Formen und Figuren, die dann
mit Bändchen verziert werden können.

Die Löcher in der Mitte der Figuren
schneidet ihr so groß, daß die
Haspel hindurch paßt.
Den Transport über-
nimmt der Wind.

Papierflugzeug

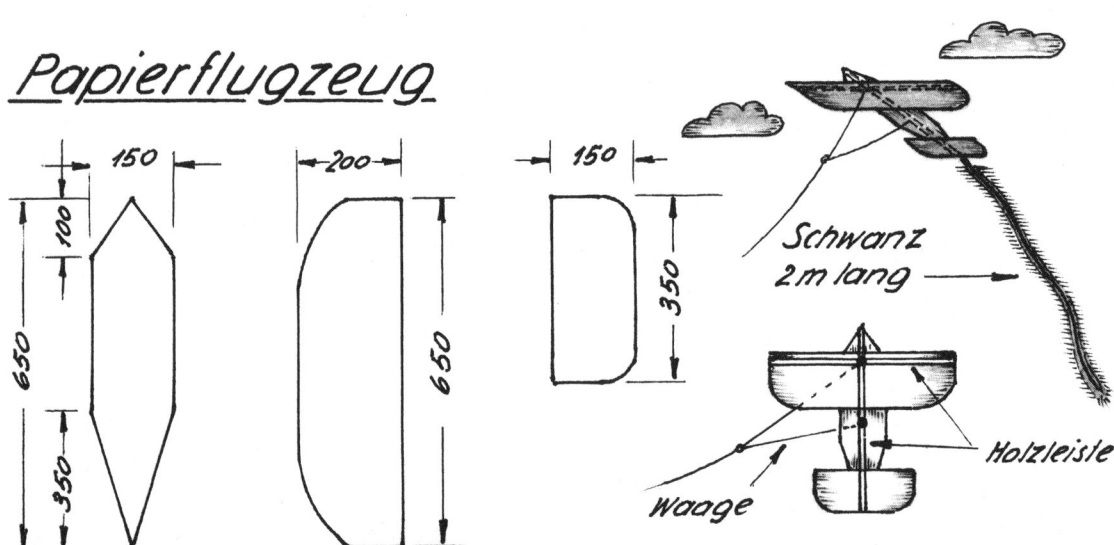

Aus starkem Packpapier werden die drei Flugzeugteile ausgeschnitten und zusammengeklebt.
Obendrauf leimt ihr zwei Holzleisten, bringt eine Waage
an und fertig ist euer Flugzeug.

Fliegender Müllbeutel

Er heißt nicht nur so, es ist auch einer. Ein richtiger blauer Müllbeutel, wie er bei der Müllabfuhr Verwendung findet. Ihr könnt ihn schnell und billig zusammenbauen. Auch kleinere Beutel, nach diesem Muster hergestellt, fliegen sehr gut.

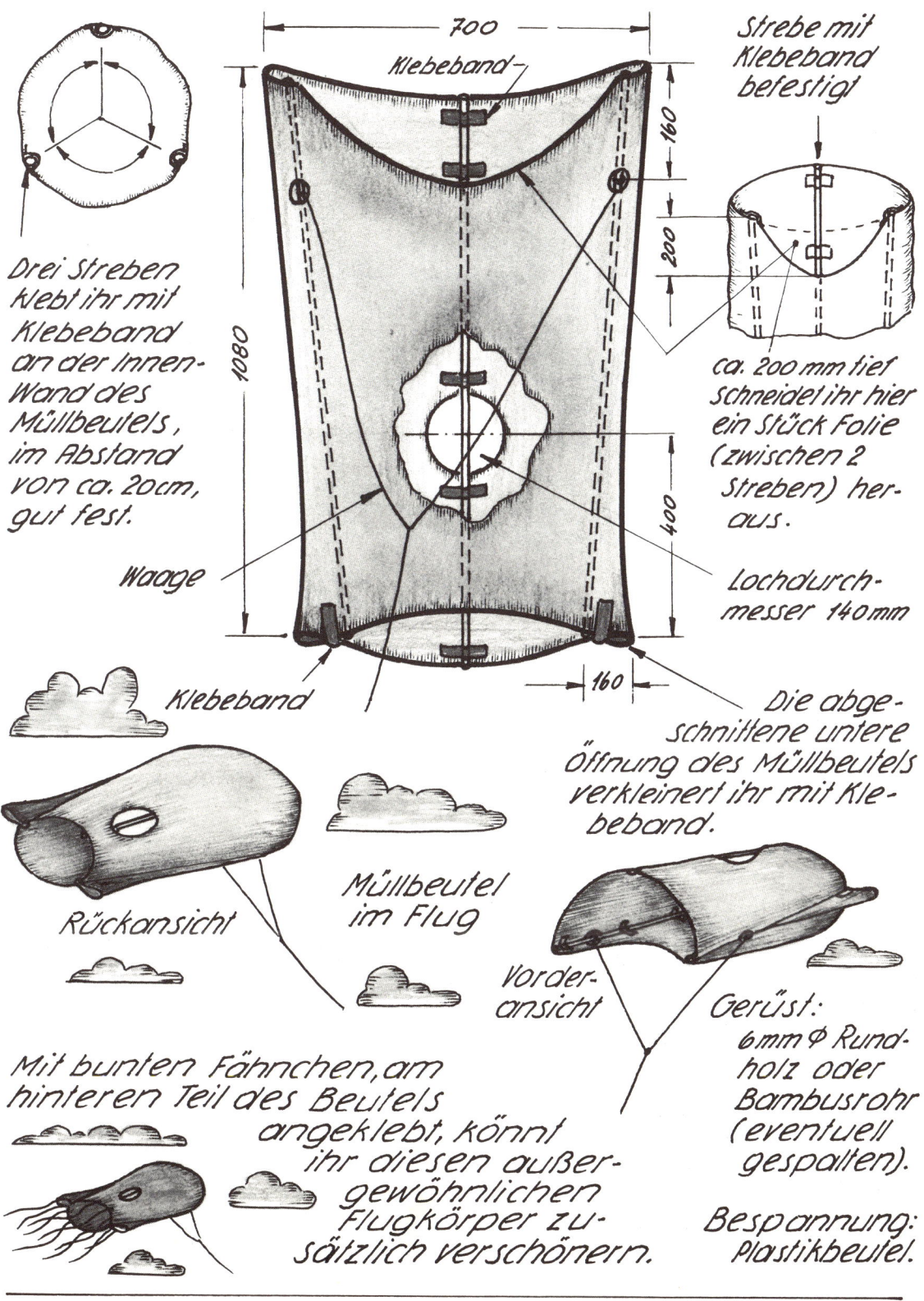

Drei Streben klebt ihr mit Klebeband an der Innen-Wand des Müllbeutels, im Abstand von ca. 20cm, gut fest.

700

Klebeband

Strebe mit Klebeband befestigt

160

200

1080

ca. 200 mm tief schneidet ihr hier ein Stück Folie (zwischen 2 Streben) heraus.

400

Waage

Klebeband

160

Lochdurch-messer 140mm

Die abge-schnittene untere Öffnung des Müllbeutels verkleinert ihr mit Kle-beband.

Rückansicht

Müllbeutel im Flug

Vorder-ansicht

Gerüst: 6mm ⌀ Rund-holz oder Bambusrohr (eventuell gespalten).

Mit bunten Fähnchen, am hinteren Teil des Beutels angeklebt, könnt ihr diesen außer-gewöhnlichen Flugkörper zu-sätzlich verschönern.

Bespannung: Plastikbeutel.

Windspielzeuge

Was ihr sonst noch alles mit Hilfe des Windes bewegen könnt, zeigen wir euch in diesem Kapitel. Es ist alles leicht und einfach zu bauendes Spielzeug.

Fehlen euch z.B. beim Segelwagen oder Ballonauto die Räder, nehmt ihr eine leere Garnrolle und sägt sie ab. Aus Cremedosen lassen sich ebenfalls Räder basteln, aber auch Windmühlen. Legt ihr Steinchen in die leere Dose, macht die Mühle auch noch Geräusche und läßt sich zum Vertreiben von Spatzen und Wühlmäusen in den Garten stellen.

Cremedose

Nagel als Achse

Flügel aus dünnem Blech oder dicker Alu-Folie werden aufgeklebt.

Eine gute Idee hatten auch die beiden Kinder, die uns mit ihrem ungewöhnlichen Gefährt auf dem Weg zur Drachenwiese überholten.

Singend saßen sie in ihrem Bollerwagen (kleiner Handwagen) und ließen sich vom Wind vorwärts bewegen. Das vorne sitzende Kind hielt mit seinen Beinen die Deichsel und lenkte so den Wagen, während das andere einen Regenschirm als Segel hielt. Der hinterherlaufende Vater betätigte sich als Bremser.

Schmunzelnd machten die Spaziergänger Platz.

Rollschuhsegel

Wäre das nicht toll, so vom Wind geschoben über den
Rollschuhplatz zu sausen?
Baut euch doch einfach das hier abgebildete Segel
und schon könnt ihr starten.
Selbstverständlich auch auf einer Eisbahn, die sich
im Freien befindet, dann allerdings mit Schlittschuhen.

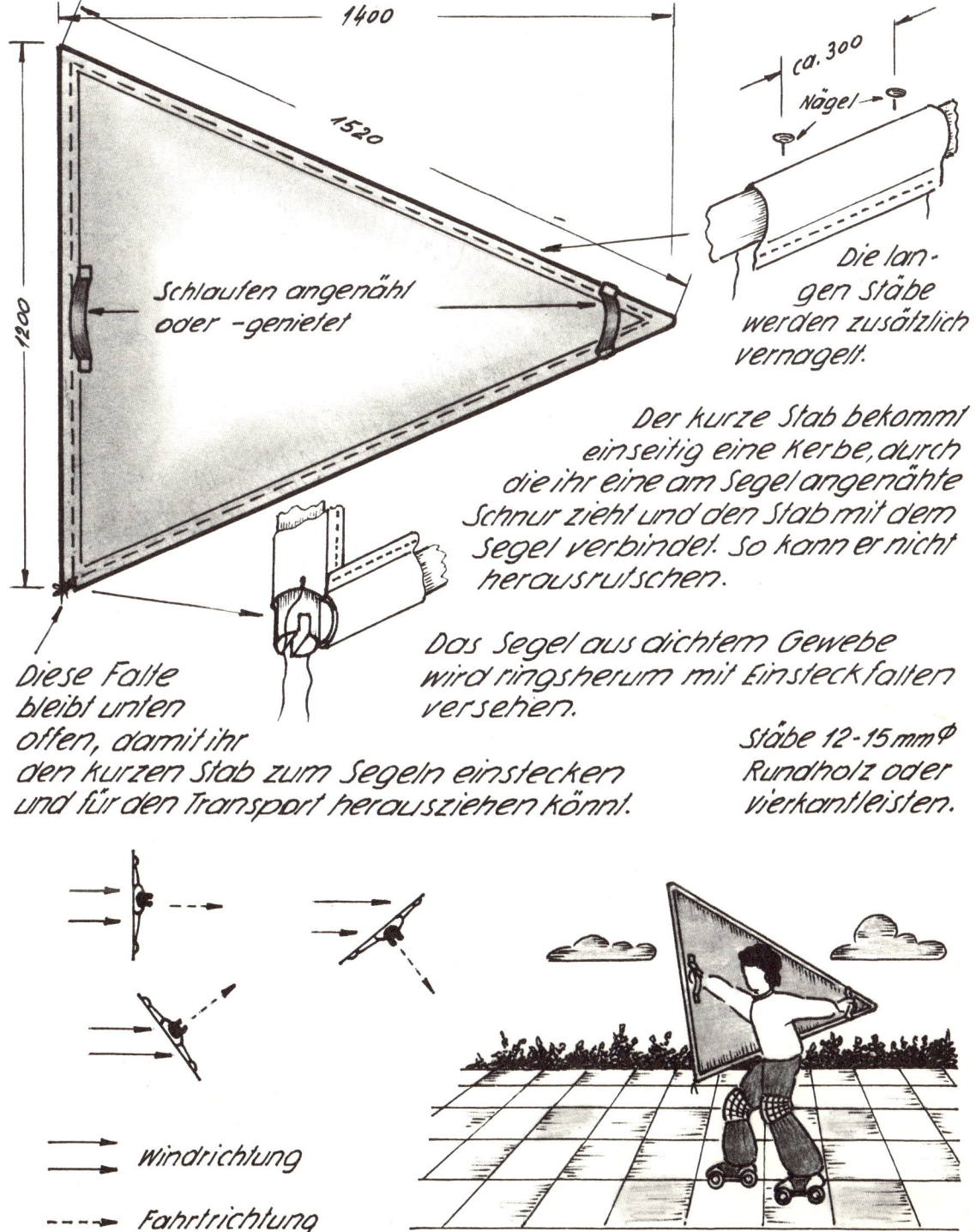

1400

1520

1200

Schlaufen angenäht
oder -genietet

ca. 300

Nägel

Die lan-
gen Stäbe
werden zusätzlich
vernagelt.

Der kurze Stab bekommt
einseitig eine Kerbe, durch
die ihr eine am Segel angenähte
Schnur zieht und den Stab mit dem
Segel verbindet. So kann er nicht
herausrutschen.

Diese Falte
bleibt unten
offen, damit ihr
den kurzen Stab zum Segeln einstecken
und für den Transport herausziehen könnt.

Das Segel aus dichtem Gewebe
wird ringsherum mit Einsteckfalten
versehen.

Stäbe 12-15 mm ⌀
Rundholz oder
vierkantleisten.

→ Windrichtung

----→ Fahrtrichtung

Segelwagen

Mit diesem Gefährt lassen sich bei Wind regelrechte Wettkämpfe durchführen.

Am besten geeignet dafür sind große, ebene, befestigte Plätze.

Wer baut nun den schnellsten Segelwagen?

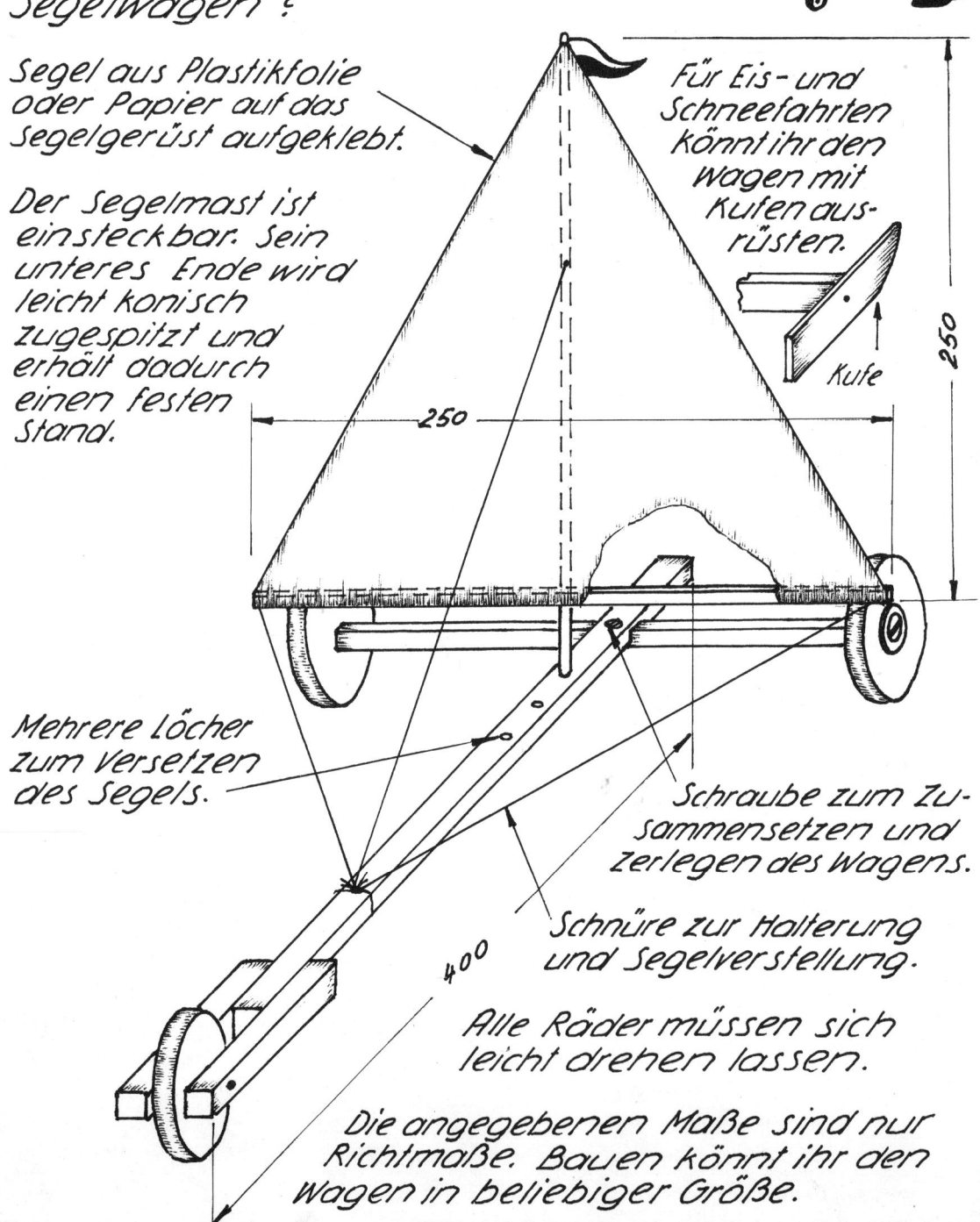

Segel aus Plastikfolie oder Papier auf das Segelgerüst aufgeklebt.

Der Segelmast ist einsteckbar. Sein unteres Ende wird leicht konisch zugespitzt und erhält dadurch einen festen Stand.

Für Eis- und Schneefahrten könnt ihr den Wagen mit Kufen ausrüsten.

Kufe

250

250

400

Mehrere Löcher zum Versetzen des Segels.

Schraube zum Zusammensetzen und Zerlegen des Wagens.

Schnüre zur Halterung und Segelverstellung.

Alle Räder müssen sich leicht drehen lassen.

Die angegebenen Maße sind nur Richtmaße. Bauen könnt ihr den Wagen in beliebiger Größe.

Fliegende Blätter

Fliegende Blätter gehören zu den Flugmodellen, die sich sehr schnell und ohne großen Zeit- und Materialaufwand mal eben so zwischendurch anfertigen lassen.

Einiges, was ihr zur Herstellung braucht, befindet sich im Nähkasten.
Auch unterwegs, auf Ausflügen und Reisen wird oft Nähzeug mitgenommen.

Papier gibt es überall, es sollte etwas steif sein. Prospekte in den Größen DIN A3 und DIN A4 lassen sich gut verwenden.
Klebeband ist nicht unbedingt erforderlich, macht aber die Halterung stabiler.

Diese Minis unter den Flugkörpern brauchen im Gelände nur wenig Platz und fliegen recht gut.
Es sind so richtige Modelle für den eigenen Rasen.

Nur starken Wind mögen sie nicht sehr gern.

Bändigen könnt ihr sie mit einem Zwirnsfaden.

Einen Schwanz brauchen sie nicht unbedingt, sehen damit aber hübscher aus.

Zum Schluß malt ihr eure Modelle so richtig toll an – vielleicht als Blume oder Schmetterling.

Eine leichte Brise weht bereits, um euren „Schmetterling" davonflattern zu lassen.

Faltvorgang für fliegende Blätter

Heftklammer

Wollfaden oder Zwirn

Klebeband

Löcher für die Halteschnur lassen sich gut mit einem Bürolocher anbringen.

Wenn ihr die Lochstelle vorher mit Klebeband überklebt, reißt sie nicht so schnell aus.

So befestigt ihr den Wollfadenschwanz...

Knoten

...und so die Halterung.

Papierschwalbe

Papierschwalben gehören schon zur älteren Generation von Flugmodellen.
Bestimmt haben auch eure Groß-eltern bereits diese klei-nen flinken Papier-vögel ge-faltet und sie durch das

Klassenzimmer schweben lassen. Es sind also wahre Oldtimer unter den Faltmodellen.

Für alle, die noch nie einen solchen Papiervogel gefaltet oder es schon wieder vergessen haben, ist auf der nächsten Seite noch einmal der ganze Faltvorgang aufgezeichnet.

Mit Papierschwalben könnt ihr auch richtige Flugwett-kämpfe veranstalten. So kann etwa jeder von einem bestimmten Punkt aus sein (selbstgebautes) Modell in Richtung Zielmarkierung starten.

Wessen Vogel dem Ziel am nächsten kommt, der ist Sieger und erhält den Pilotenschein für Papierschwalben.

Faltvorgang für Papierschwalbe

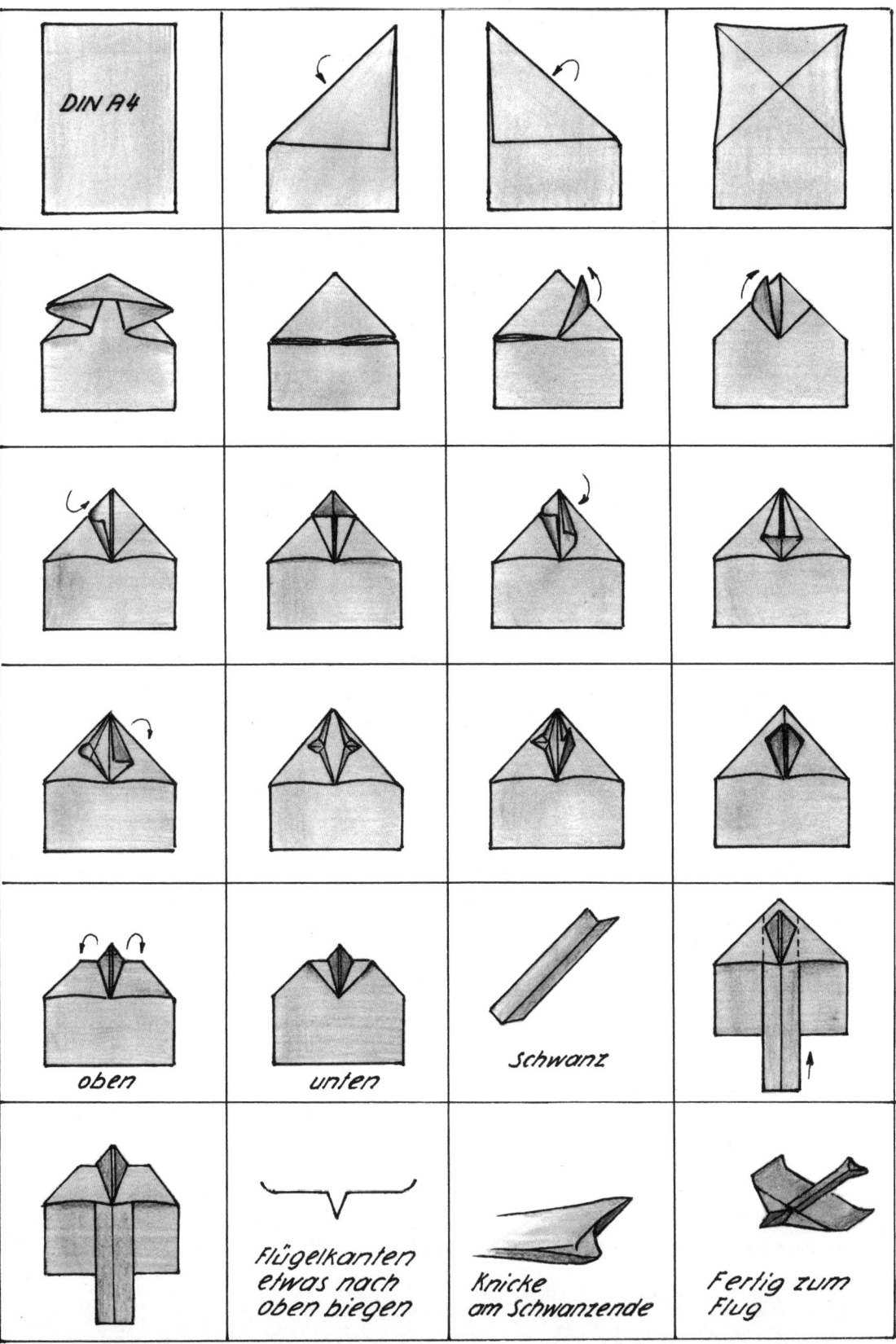

DIN A4

oben

unten

Schwanz

Flügelkanten
etwas nach
oben biegen

Knicke
am Schwanzende

Fertig zum
Flug

Papierflieger

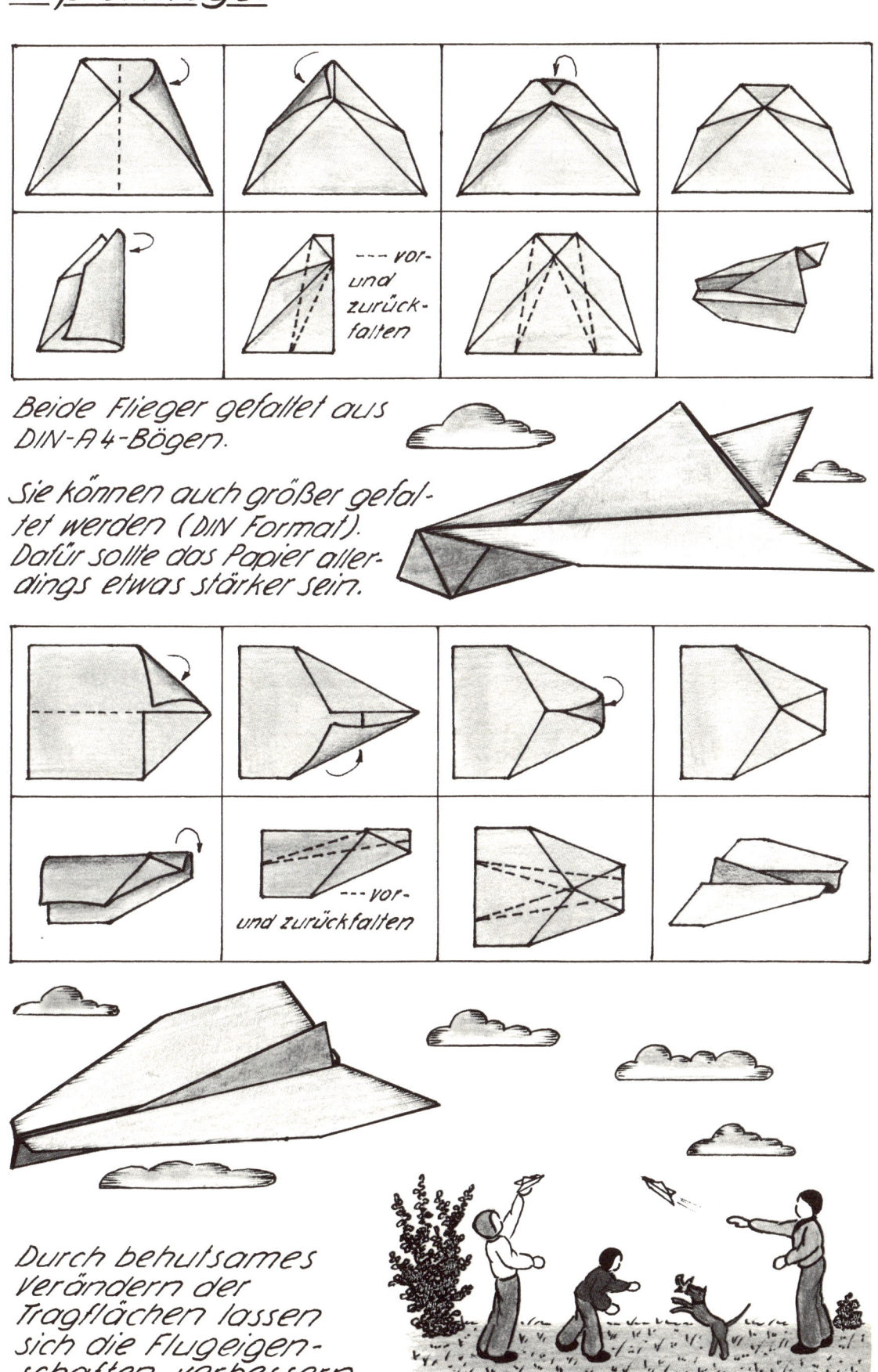

Beide Flieger gefaltet aus DIN-A4-Bögen.

Sie können auch größer gefaltet werden (DIN Format). Dafür sollte das Papier allerdings etwas stärker sein.

--- vor- und zurückfalten

--- vor- und zurückfalten

Durch behutsames Verändern der Tragflächen lassen sich die Flugeigenschaften verbessern.

Papiergleiter

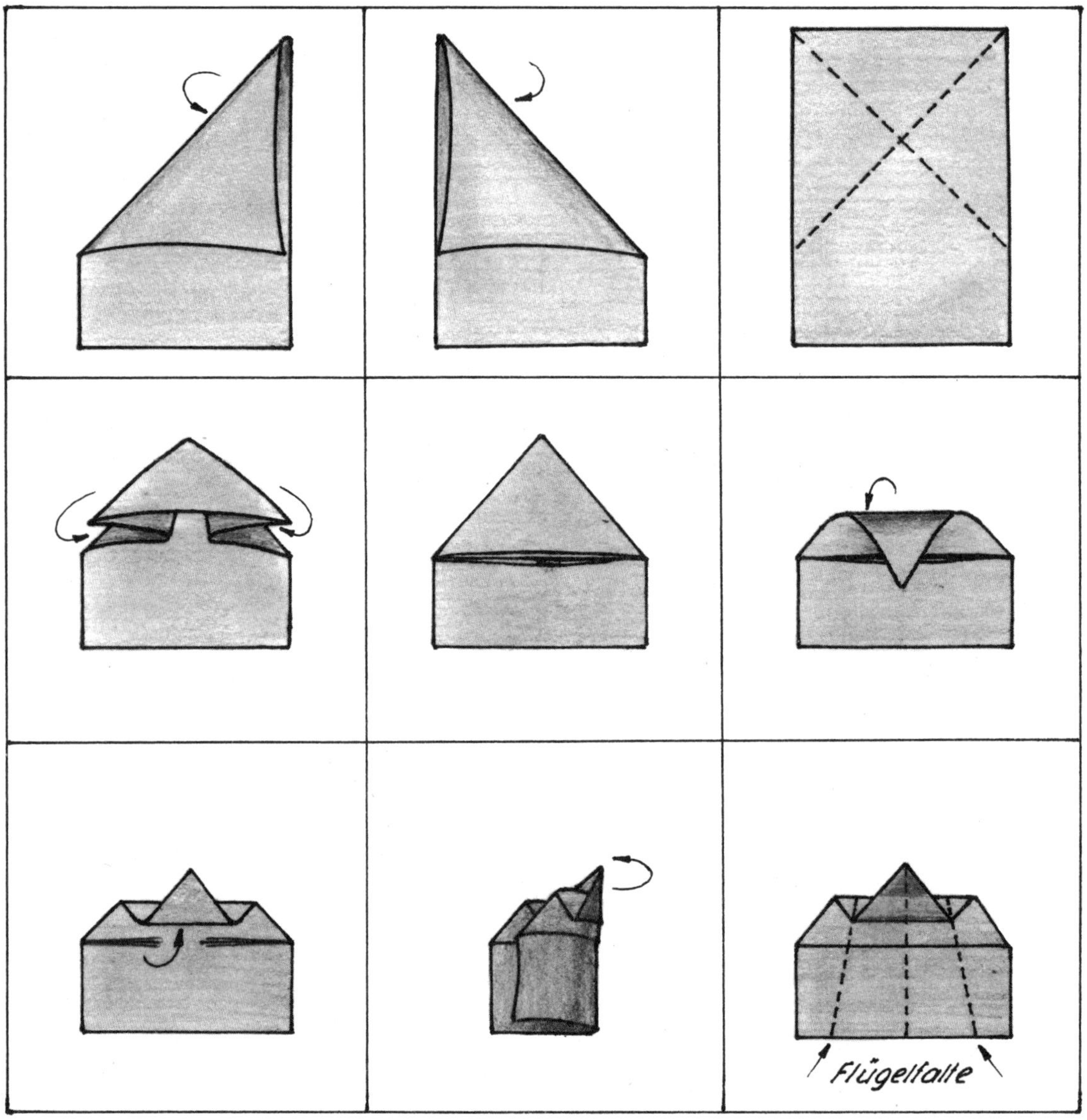

Flügelfalte

Dieser ganz einfach aus einem
DIN-A4-Bogen zu faltende
Gleiter hat ein sehr gutes
Flugverhalten.
Ihr könnt ihn sogar für
Zielflüge einsetzen, z.B.
mit einer in der Spitze einge-
klebten Nadel auf Luftballons
fliegen lassen, oder auf
eine Torwand
zielen.

Nadel ganz wenig herausstehen
lassen (ca. 1mm).

Balloneinfädeln

Dieses Spiel macht erst richtig Spaß, wenn der Wind ein bißchen kräftiger weht.
Wie lange es dauert, bis der Ballon durch den Ring gebracht ist, hängt von der Geschicklichkeit und der ruhigen Hand des Spielers ab.

Es geht darum, den aufgeblasenen Luftballon ohne fremde Hilfe und ohne Zuhilfenahme der Hände durch die in einiger Entfernung aufgestellte Öse zu führen.
Der Ballon darf dabei nur an einer etwa 1,5 m langen Schnur gehalten und geführt werden.

Mehrere Spieler können auch gleichzeitig starten. Wer seinen Ballon zuerst eingefädelt hat, ist Sieger.

Geführt wird immer in Windrichtung.

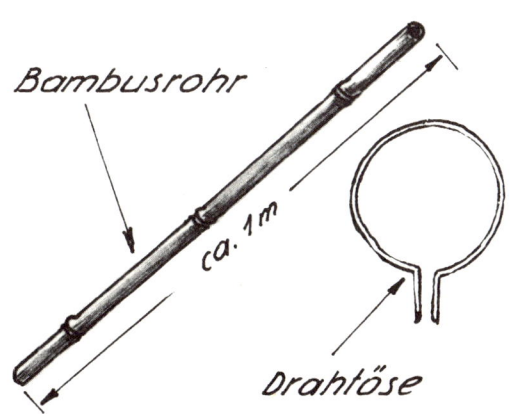

Bambusrohr

ca. 1 m

Drahtöse

Die Öse biegt ihr aus Draht und steckt sie einfach in ein Bambusrohr oder klebt sie mit Klebeband an einen gewöhnlichen Holzstock.

Seifenblasenmühle

Seifenblasen pusten kann jeder. Aber wer kann
dabei schon singen und pfeifen ?
Mit dem hier vorgestellten und zum Nachbau-
en empfohlenen Gerät ist dies möglich.
Ihr könnt sogar gleichzeitig essen und den
vielen Kugeln nachlaufen.

Das Pusten übernimmt der Wind zum Null-
tarif.

Was euch bleibt, ist das Nachfüllen des Flüs-
sigkeitsbehälters.
Schaumlösung stellt ihr am besten her aus
Neutralseife, mit Wasser verrührt.
(Regenwasser ist weich und ergibt eine bessere
Schaumwirkung als das harte Leitungswasser.)

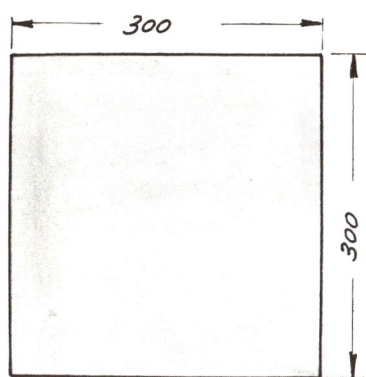

Aus Pappe, Kunst-
stoff oder Blech
schneidet ihr eine
quadratische Plat-
te (Aluminiumfolie,
0,3 mm dick, ist gut
geeignet).

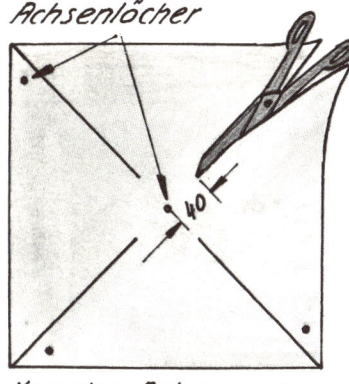

Von den Ecken aus
wird diese Platte
bis kurz vor den Mit-
telpunkt eingeschnit-
ten. Mittelpunkt und
vier Flügelspitzen
werden gelocht.

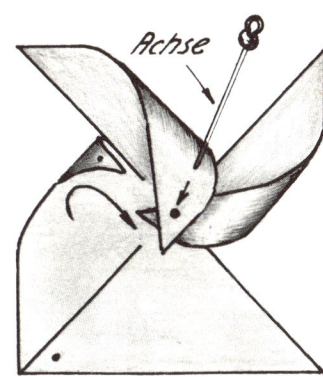

Die gelochten
Flügelspitzen biegt
ihr nun über das
Mittelloch und steckt
die Achse durch.

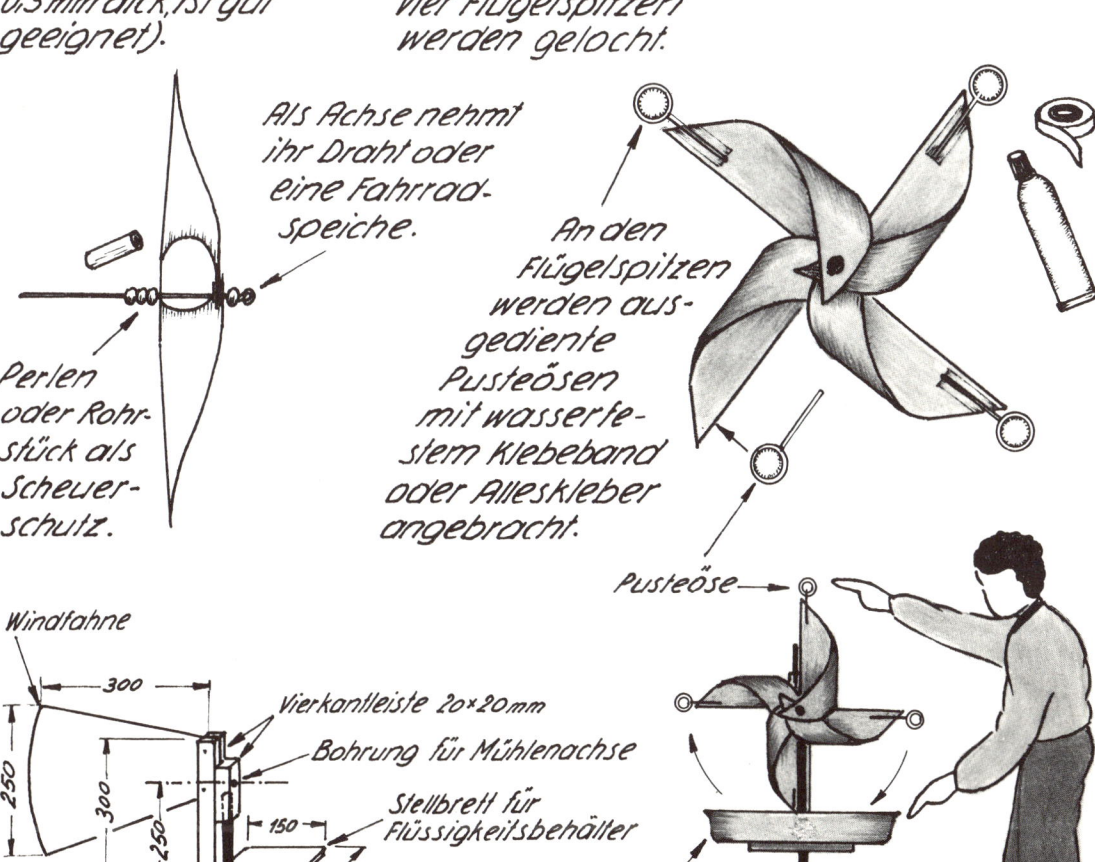

Als Achse nehmt
ihr Draht oder
eine Fahrrad-
speiche.

Perlen
oder Rohr-
stück als
Scheuer-
schutz.

An den
Flügelspitzen
werden aus-
gediente
Pusteösen
mit wasserfe-
stem Klebeband
oder Alleskleber
angebracht.

Pusteöse

Windfahne

Vierkantleiste 20×20mm

Bohrung für Mühlenachse

Stellbrett für
Flüssigkeitsbehälter

Senkrechtachse
aus Rund-
eisen
5 mm ⌀

Das Oberteil hängt
drehbar auf der
Senkrechtachse.

Durch die Windfahne
wird die Mühle stets
in die richtige Stel-
lung gedreht.

Flüssigkeitsbehälter

Achtet bei der
Montage dar-
auf, daß die
Ösen nirgendwo
am Flüssigkeitsbe-
hälter schleifen.

111

Schmetterlingsfänger

Mit einem Kescher in der Hand steht ihr auf der Lauer und erwartet den Anflug der Schmetterlinge.
Aus einem hohen Baum kommen sie gleich scharenweise.
Auf ihrem Flug zur Erde sollt ihr möglichst viele von ihnen fangen.

Flink muß man bei diesem Spiel schon sein, denn lange sind die Schmetterlinge nicht in der Luft und nur dort dürft ihr sie mit eurem Kescher fangen.

Wer nach mehreren Durchgängen die meisten Schmetterlinge in seinem Kescher hat, hat das Spiel gewonnen.

Schmetterlinge schneiden wir aus dünnem, leichten Papier.

Es kann auch nach Punkten gespielt werden, wobei z.B. ein Trauermantel eine höhere Punktzahl erzielt als etwa ein Kohlweißling.

Bei kleineren Kindern empfehlen wir Watteflocken zu verwenden, denn diese schweben langsamer und bleiben länger in der Luft.

Zunächst fertigt ihr euch eine Konservendose mit zwei Drahtösen nach
nebenstehender Zeichnung an.

*Drahtöse
mit Klebe-
band be-
festigt.*

Diese Dose
wird an zwei
Schnüren über
einen geeigneten
Ast emporgezogen
und das geht so:

Steuerschnur

Wurfleine

Stein

Steuer-
schnur

An einem Ende einer Wurfleine befestigt ihr einen Stein und werft ihn mit
der Leine über einen geeigneten Ast.

Dann wird der Stein entfernt und statt
dessen werden die Steuerschnüre an-
gebunden und hochgezogen. Am anderen Ende der Steuerschnüre befestigt ihr die Dose und zieht sie so in den Baum.
Die Wurfleine wird abgebunden und das Spiel kann beginnen.

Beim Hochziehen der
gefüllten Dose zieht
ihr an beiden Schnü-
ren zugleich, wo-
bei die untere
Schnur locker an
der Dose hängt!

locker

Mit einem
Zug
an
dieser
Schnur kippt
der Spielfüh-
rer die Dose
um und die
Schmetter-
linge
schwe-
ben
herab.

Ist die Dose oben an-
gekommen, kann sie
durch einen Zug (nur an der
unteren Schnur) ausgekippt
werden.
Zum Nachfüllen wird sie dann wieder an beiden Schnüren zugleich herab-
gelassen.

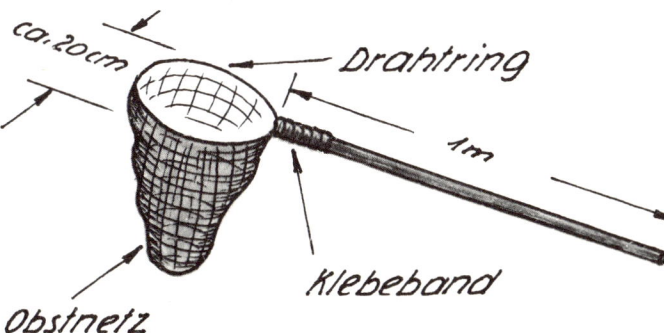

ca. 20cm

Drahtring

1m

Klebeband

Obstnetz
o.ä. Material

Einen Kescher zu
basteln dürfte
euch wohl keine
Schwierigkeiten be-
reiten.
Wie es gemacht wird,
ist auf nebenstehen-
der Skizze zu sehen.

Ufo

Ein spannender Augenblick! Der erste
Start eures selbstgebastelten Ufos
steht bevor.
Fliegt es oder fliegt es nicht ?

Hurra es fliegt!
Ist das eine Freude, zu
sehen, wie sich der Propeller
zum erstenmal surrend in den
Himmel schraubt.
Die Arbeit hat
sich gelohnt.

Garnrolle

Beim Start das Gerät immer aus Sicher-
heitsgründen über den Kopf halten.

Aber bevor es so weit ist, zeigen wir
euch erst einmal, wie dieser Flugkörper gebaut werden kann.

Mit Nagelbohrer
vorbohren

15

Nägel
ohne Köpfe
einsetzen

Zuerst bereitet ihr eine Garnrolle so vor, wie es hier
auf der Abbildung zu sehen ist.

Den Nägeln kneift oder sägt ihr die Köpfe ab...

...und glättet die Schnittstellen mit einer Feile oder mit Sandpapier.

Ist keine passende Garnrolle vorhanden, läßt sich dieses Teil auch aus einem entsprechenden Rundholz anfertigen.

Durchbohrtes Rundholz

Dicke Pappscheiben

Den Propeller schneidet ihr aus Blech.

100

48

20

100

Die Lochabstände richten sich nach den Nägelabständen der Garnrolle. Der Lochdurchmesser muß etwas größer sein, als die Nägel dick sind.

Nagel ohne Kopf oder Rundeisen

Kanten etwas umbiegen.

25 mm länger als die Garnrolle hoch ist

Vielleicht findet ihr irgendwo einen Griff, der nicht mehr gebraucht wird (Werkzeug, Küchengerät, Luftpumpe o.ä.). Es genügt auch ein einfaches Rundholz (Besenstiel). In diesen Griff schlagt ihr einen Nagel ein (Loch vorbohren) und fertig ist das Unterteil.

Kordel etwa 12-15 Umwicklungen.

Schlüssel- oder Gardinenring

Steckt die Garnrolle nun auf das Unterteil und eure Startrampe ist komplett.

Windkugel

Hier ist ein ganz besonders lustiges Geschicklich-
keitsspiel im Freien bei Wind. Was dazu gebraucht wird, habt ihr schnell zusammengestellt.
Es sind leichte Kugeln aus Papier, Watte, Styropor
o.ä. in der Größe von Tischtennisbällen (die ihr auch
verwenden könnt) und kleine Pappröhrchen.

Bei diesem Spiel geht es darum, die Kugel von einem
Startpunkt aus über eine bestimmte Ziellinie zu bringen, ohne daß der Wind sie herunterbläst.

Damit alle Spieler gleich große Pappröhrchen bekommen, wickelt ihr um
den Stiel eines Holzlöffels o.ä. Pappe
und klebt diese zusammen.
Oft sind auch Röhrchen von Ge-
würzen, Tabletten o.ä. im Haus
vorhanden.

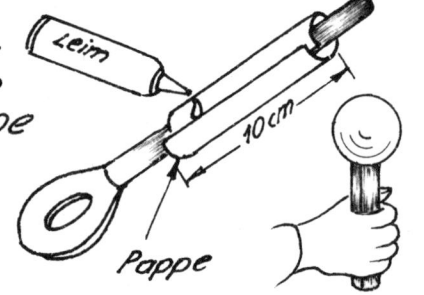

Durch geschickte Drehungen versucht ihr die Kugel stets
im Windschatten eures Körpers zu halten.
Wenn in der Strecke noch einige Richtungsänderungen
eingeplant sind, müßt ihr euch ganz schön bewegen.
Mal lauft ihr rückwärts, mal seitwärts und manchmal
auch geradeaus.
Wer seine Kugel verliert, scheidet aus.

Sieger ist, wer seine Kugel als erster über die Ziellinie
bringt.

(Statt Pappröhrchen könnt ihr auch Teelöffel nehmen.)

Bumerang

Dieses ursprünglich aus Australien stammende, knieförmige Wurfholz wurde in früheren Zeiten als Jagdgerät benutzt.

Verfehlt ein Wurf mit dem Bumerang sein Ziel, so kehrt er infolge seines Trägheitsmoments und seiner Schraubwirkung zum Werfer zurück. Sehr geübte und geschickte Werfer können ihn dann sogar auffangen.

Nach beigefügter Bauanleitung könnt ihr euch selbst einen Bumerang anfertigen.

Auf eine 6mm dicke, glatte Sperrholzplatte wird die äußere Form genau nach Zeichnung aufgebracht und mit einem feinen Sägeblatt sauber ausgeschnitten.

Die Linien der Abschrägung werden ebenfalls genau nach der Vorlage mit einem Bleistift auf den Rohling übertragen.

Für Linkshänder muß die Zeichnung spiegelbildlich gesehen werden.

Das Abschrägen läßt sich am besten durchführen, wenn der Rohling in einen Schraubstock eingespannt wird.

Bauplan für Bumerang

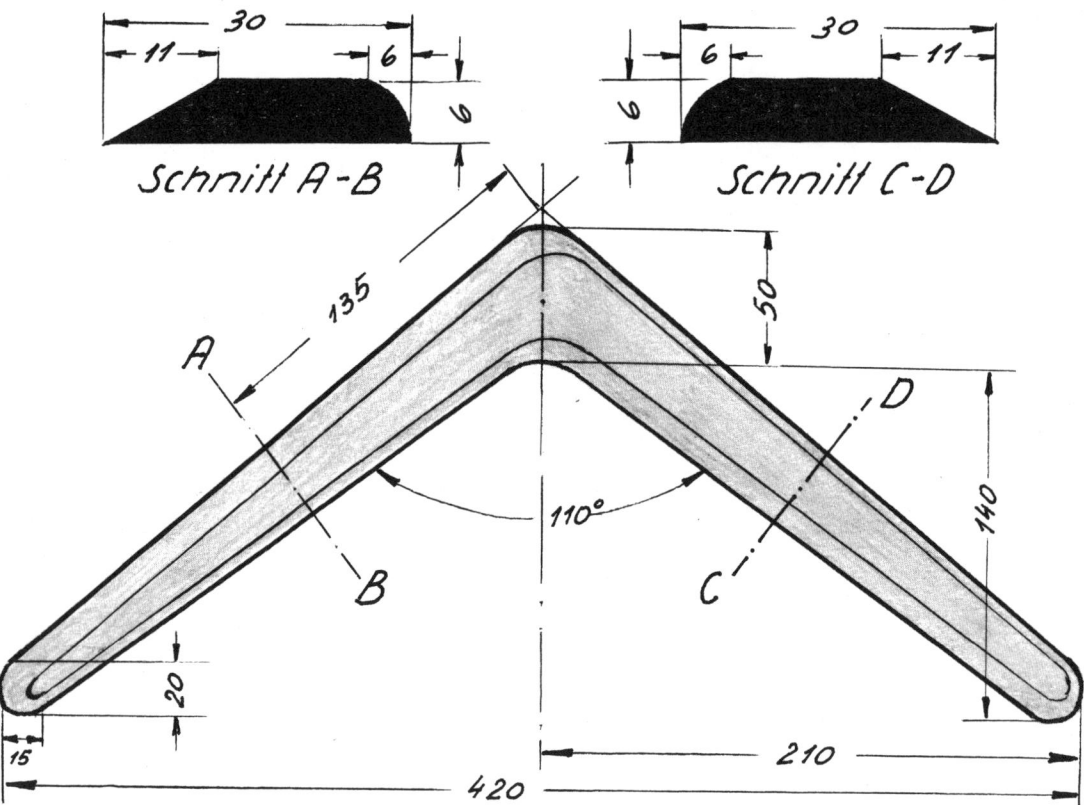

Schnitt A-B   Schnitt C-D

Mit feinem Sandpapier werden alle Flächen gut geglättet und die scharfen Kanten leicht abgerundet.

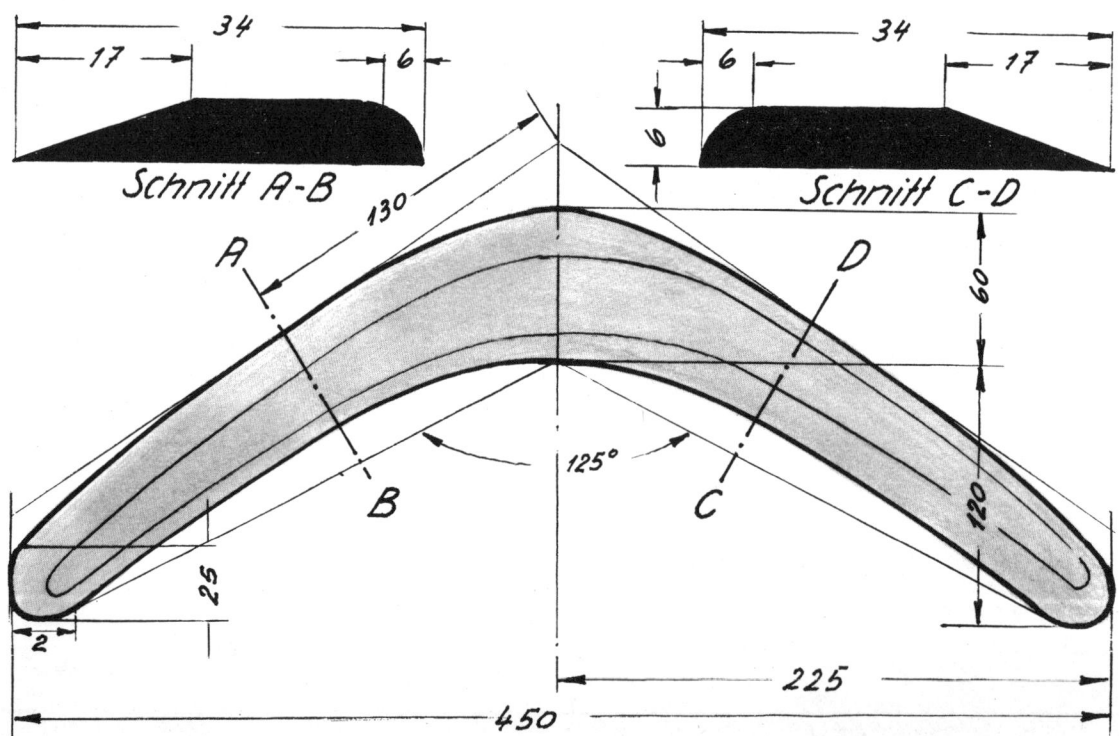

Schnitt A-B   Schnitt C-D

Eine lasierte Oberfläche verbessert die Flugeigenschaft.

Wurftechnik

Zum Werfen sucht ihr euch einen ebenen Platz im Gelände aus, frei von Büschen, Bäumen und Bauwerken.
Auch auf Spaziergänger muß Rücksicht genommen werden.

Windstille bis leichter Wind sind die idealen Voraussetzungen für gute Wurfergebnisse.

Zuerst ermittelt ihr die Windrichtung und legt dann eure Wurfrichtung fest.

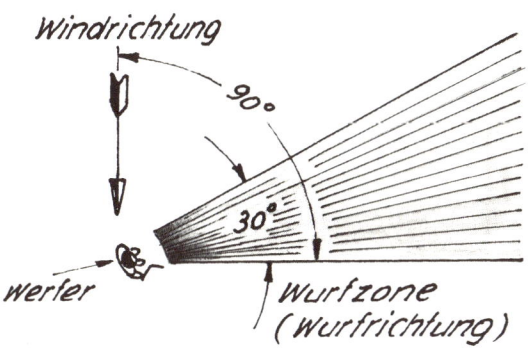

Mit ca. 15° seitlicher Neigung wird der Bumerang weit hinter den Rücken geführt und aus dieser Haltung heraus vorwärts geschleudert (nicht seitlich vom Körper fortschleudern).

Beim Wurfvorgang ist ein weiterer Winkel von Bedeutung, und zwar der Abwurfwinkel. Dieser sollte ebenfalls ca. 15° betragen.

Einige Beispiele:

Der Bumerang wurde zu flach geworfen. Er steigt steil hoch und stürzt ab.

Abwurfwinkel zu groß. Der Bumerang fliegt eine Bergkurve und kehrt nicht zurück.

Alle Winkel waren richtig. Der Bumerang kehrt zum Werfer zurück.

Windkran

Dieser kleine Kran wird vom
Wind angetrieben.
Er transportiert richtige
kleine Lasten wie z.B.
Streichholzschachteln,
Bonbons o.ä. leichte
Gegenstände auf den
Balkon oder auch nur
auf einen Tisch.

Für schwerere Lasten
müßt ihr ihn entsprechend größer und stabiler bauen.

Zum Abwickeln der Schnur
dreht ihr den Kran einfach um
und schon läuft der Haken wieder nach unten.

Aufzeichnen

Aus-
und Einschneiden

Knicken

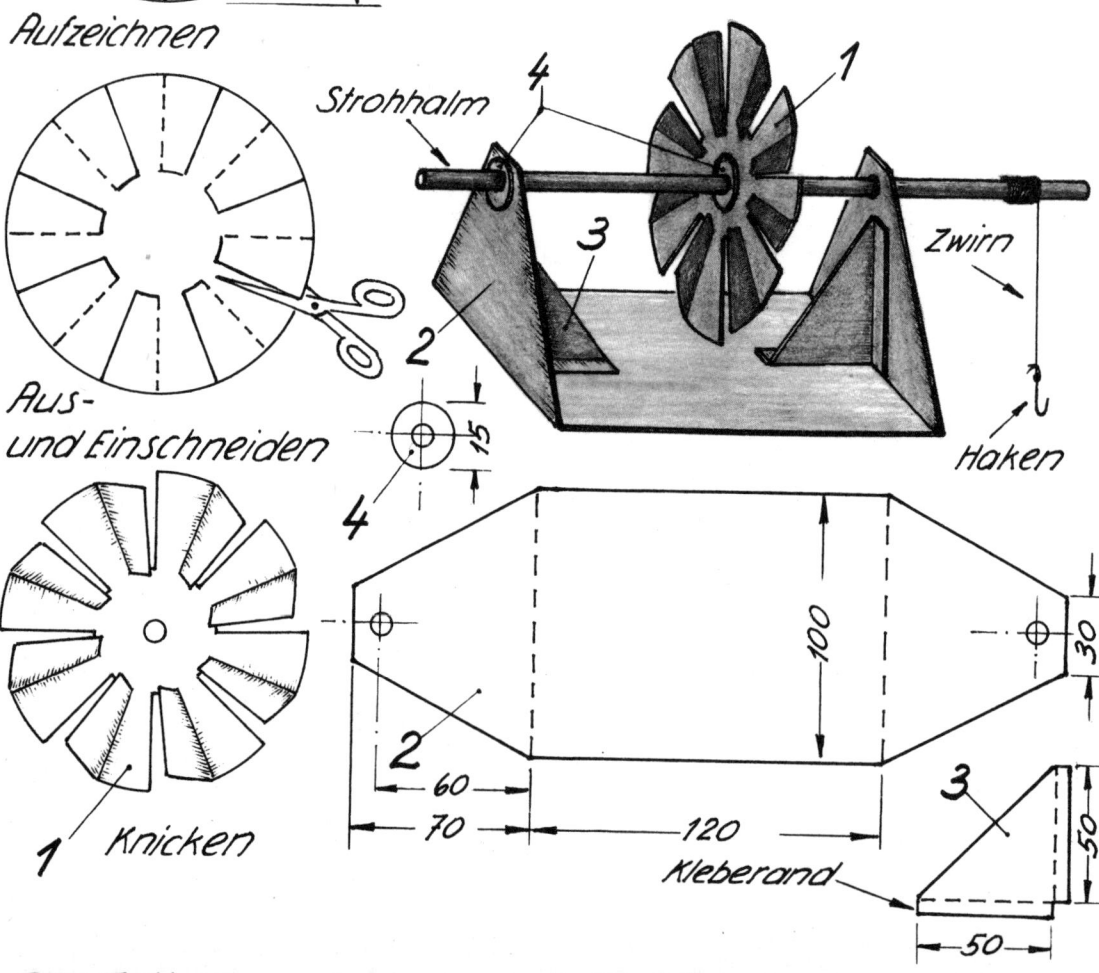

Strohhalm
Zwirn
Haken
Kleberand

Alle Teile werden aus glatter Pappe
geschnitten und zusammengeklebt.

Windpfeife

In diesem Spiel geht es um
Wind, den ihr selbst
erzeugen müßt.

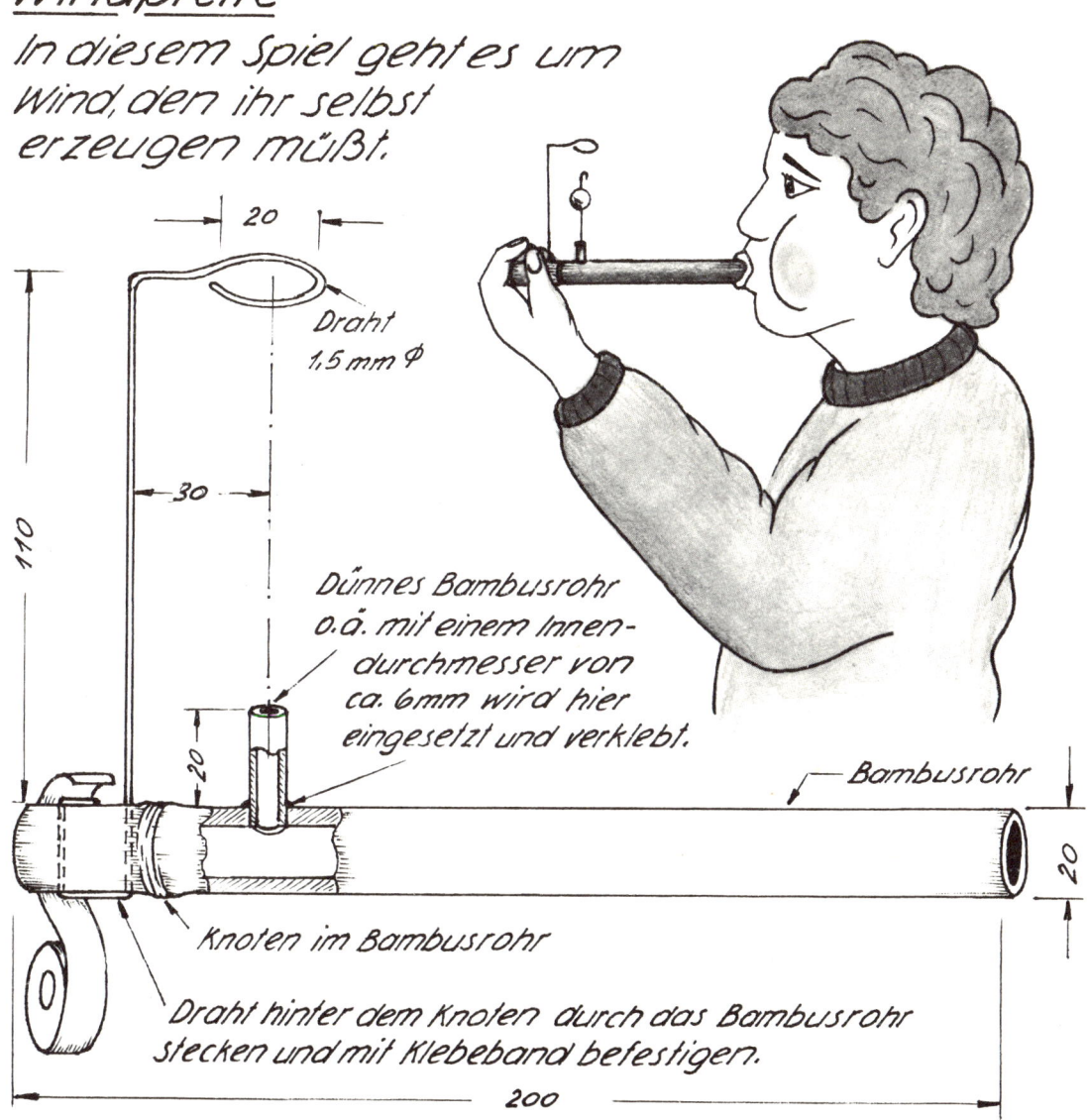

20

Draht
1,5 mm ⌀

30

110

Dünnes Bambusrohr
o.ä. mit einem Innen-
durchmesser von
ca. 6mm wird hier
eingesetzt und verklebt.

20

Bambusrohr

20

Knoten im Bambusrohr

Draht hinter dem Knoten durch das Bambusrohr
stecken und mit Klebeband befestigen.

200

Draht von
1mm Dicke
wird durch
eine Styropor-
oder Korkkugel
gestochen und
bekommt oben
einen kleinen
Haken.

65   20

Das Lustige an diesem Spiel ist,
daß die Kugel durch geschick-
tes Pusten und Schwenken
der Pfeife in alle möglichen
Richtungen in die Drahtöse
gehängt und ebenfalls auf diese Art wieder zurückgebracht
werden soll.

Es ist gar nicht so einfach, aber äußerst spannend.

Bei mehreren Spielern pusten wir nach Zeit. Wer es
am schnellsten schafft, ist Windpfeifenmeister.

Floppi

Ein Flugkörper, mit dem ihr Weit- und auch Zielflüge (z.B. durch einen Ring) veranstalten könnt.

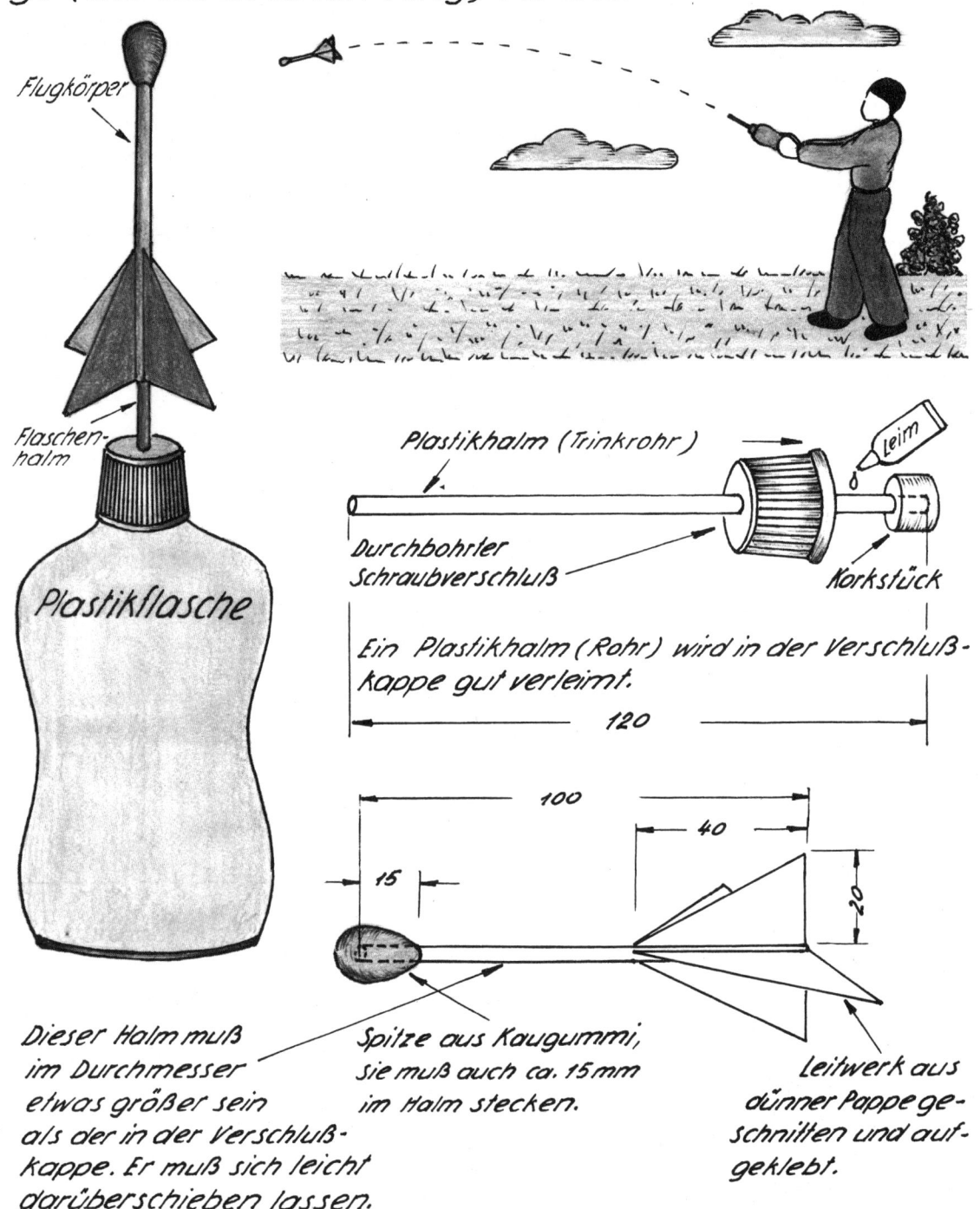

Flugkörper

Flaschen-
halm

Plastikflasche

Plastikhalm (Trinkrohr)

Leim

Durchbohrter
Schraubverschluß

Korkstück

Ein Plastikhalm (Rohr) wird in der Verschluß-
kappe gut verleimt.

120

100

40

15

20

Dieser Halm muß
im Durchmesser
etwas größer sein
als der in der Verschluß-
kappe. Er muß sich leicht
darüberschieben lassen.

Spitze aus Kaugummi,
sie muß auch ca. 15mm
im Halm stecken.

Leitwerk aus
dünner Pappe ge-
schnitten und auf-
geklebt.

Der Flugkörper wird so weit über den Flaschenhalm
geschoben, bis dessen Spitze leicht im Kaugummi
steckt.
Ein kräftiger Druck auf die Plastikflasche läßt das
Flugobjekt 10-15 m weit fliegen.

Ballonseilbahn

Eine schöne Unterhaltung an windstillen Tagen oder in großen Räumen ist dieses Spiel mit den luftangetriebenen Luftballons.

Die Öffnung des aufgepusteten Ballons wird zugehalten und dieser an die Leine gehängt. Dann gebt ihr die Öffnung frei und ab geht die Post.

Die ausströmende Luft treibt den Ballon mit hoher Geschwindigkeit voran, bis ihm die Puste ausgeht. Welcher legt die längste Strecke zurück?

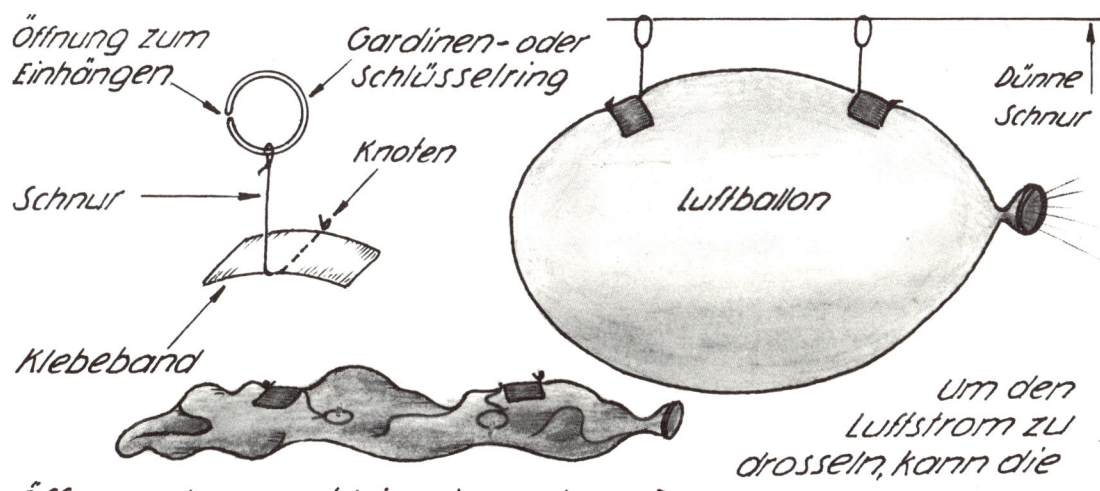

Öffnung etwas verkleinert werden. Dazu steckt man einen Bleistift in den Ballonstutzen, knotet eine Schnur herum und zieht den Bleistift wieder heraus. Der Schnurring bleibt sitzen.

Die Geschwindigkeit wird nun etwas verringert, ohne daß die zurückgelegte Strecke dadurch kürzer wird.

Ballonauto

Dieses umweltfreundliche Auto könnt ihr schnell zusammenbauen.
Als Antrieb braucht es nur eure Puste, außerdem eine ebene Strecke und möglichst keinen Wind. Ihr könnt es auch in größeren geschlossenen Räumen fahren lassen.

Vor dem Start wird der Tank (Ballon) voll aufgefüllt (aufgepustet) und der Tankverschluß (Korken) aufgesetzt.

Den vollgetankten Wagen schiebt ihr auf die Startlinie. Auf ein Zeichen des Rennleiters hin wird der Verschluß entfernt. Jetzt ist das Fahrzeug nicht mehr zu halten. Es bleibt erst stehen, wenn der Tank leer ist.

Auf längeren Strecken wird dann hier nachgetankt und weitergefahren.
Das Ganze wird so oft wiederholt, bis die gesamte Strecke durchfahren ist.

Gewonnen hat, wer die wenigsten Tankfüllungen verbraucht hat.

Ersatztanks (Ballons) solltet ihr immer zur Hand haben.

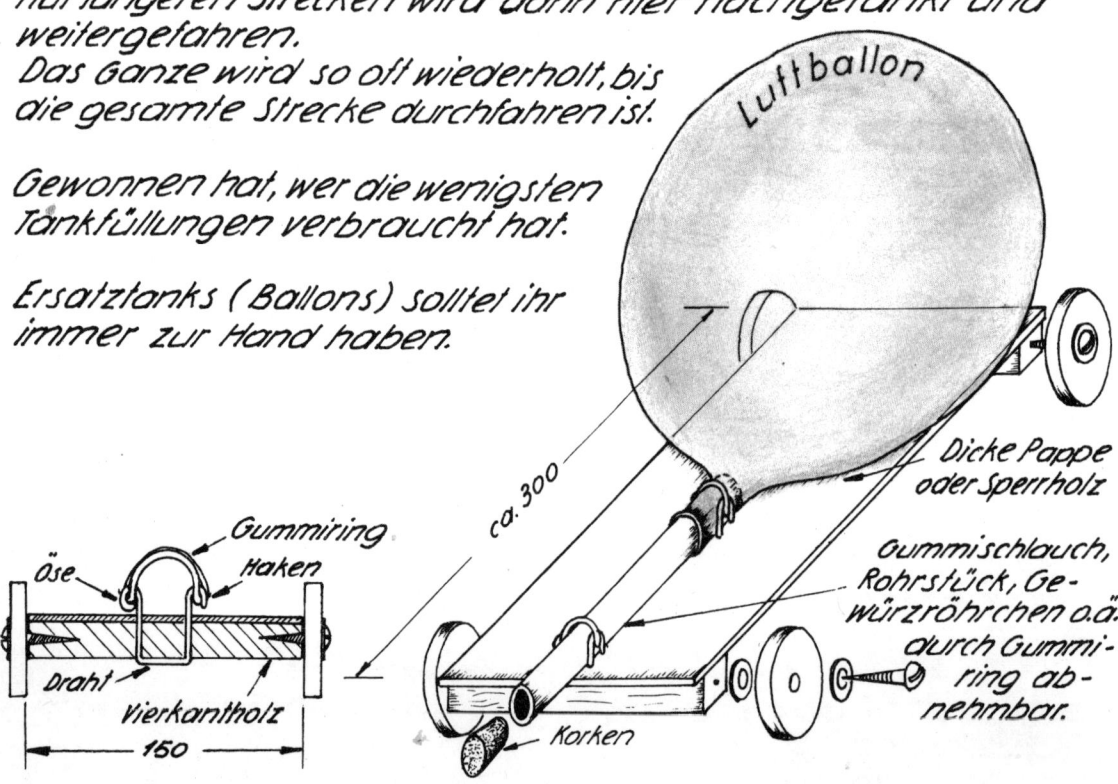

Luftballon

ca. 300

Dicke Pappe oder Sperrholz

Gummischlauch, Rohrstück, Gewürzröhrchen o.ä. durch Gummiring abnehmbar.

Korken

Gummiring
Haken
Öse
Draht
Vierkantholz
150

124

Nachwort

Wenn ihr dieses Buch gelesen habt und bei euch die Lust am Spiel mit dem Wind im Freien geweckt wurde,

macht's wie wir, greift zum Werkzeug und bastelt.

In fast allen größeren Städten gibt es Drachen- oder Papierfliegerclubs o.ä., die an bestimmten Tagen Veranstaltungen und Feste durchführen. Termine stehen in der örtlichen Presse.

Vielleicht gründet ihr selbst einen Club oder veranstaltet mit Freunden und Bekannten einen Windspieltag mit Wettkämpfen und Preisverteilungen für z. B. den schönsten und phantasievollsten Drachen.
Möglichkeiten gibt es viele. Welche Papierschwalbe fliegt am elegantesten und am weitesten?
Welcher Bumerang kommt am nächsten zum Werfer zurück?
Wessen Drachen steht am steilsten am Himmel, und vieles mehr.

Solche Veranstaltungen bieten auch reichlich Gelegenheit zum Fachsimpeln und Erfahrungsaustausch mit Gleichgesinnten.

Und wenn das Wetter einmal gar nicht mitspielt, gibt es daheim noch genügend kreative Beschäftigung. Da kann

bemalt, austariert und dekoriert werden, oder
ihr plant und entwerft ein noch lustigeres
Windspielzeug.

Denkt aber bei all eurem Spielen
und Treiben in der Natur auch
daran, daß es noch andere,
und zwar lebende und fliegende Wesen gibt (Vögel und
Schmetterlinge), die euch als
Vorbild in Form und Farbe für
einen neuen und gelungenen Entwurf anre-
gen können.

Wind ist Energie und allge-
genwärtig.
Nutzt die Gele-
genheit, die
Kräfte der Natur
in eure
Spiele
mit
einzu-
be-
ziehen.

Allzeit guten Wind wünschen die Autoren.

Von Annelore, Sabine, Susanne und Hubert Bruns / Gerhard Schmidt liegen vor:

Die reich illustrierten Biogarten - Ratgeber:

Freude am Leben - Biogarten

Handbuch für den naturgemäßen Gartenbau

320 Seiten. Mit über 1000 zweifarbigen Abbildungen. Großformat. Kartoniert DM 32.- ISBN 3-466-11055-6

Biogärtner's Jahrbuch

Naturgemäßer Gartenbau vom Frühling bis zum Winter

128 Seiten. Mit über 400 zweifarbigen Abbildungen. Großformat. Kartoniert DM 24.80

Biogärtner's Beerenobst

Anbau und Pflege aller wichtigen Beerenobstsorten

144 Seiten. Mit über 400 zweifarbigen Abbildungen. Großformat. Kartoniert DM 24,80 ISBN 3-466-11073-4

Biogarten Praxisbuch

Mit vielen bildlich dargestellten Arbeitsabläufen und Bauanleitungen

128 Seiten. Mit über 700 zweifarbigen Abbildungen. Großformat. Kartoniert DM 24.80 ISBN 3-466-11079-3

Immerwährender Biogarten Kalender

12 vierfarbige Monatsblätter mit Titelblatt

Großformat DIN A3. Spiralheftung DM 19.80 ISBN 3-466-11062-9

Die äußerst praktischen und schnellen Gartenhilfen:

Drehbare Scheiben mit Schutzhüllen, zweifarbig. Großformat. DM 12.- je Stück

Bio-Gemüsescheibe

Naturgemäßer Anbau auf einen Blick. 2. Auflage 1986. Titel-Nr. 3-466-11070-X

Mischkultur-Scheibe

Biologische Pflanzen-Zusammenstellungen auf einen Blick 2. Auflage 1987 Titel-Nr. 3-466-11074-2

Bio-Kräuterscheibe

Alle wichtigen Gewürz- und Teekräuter auf einen Blick Titel-Nr. 3-466-11080-7

Blumenzwiebel-Scheibe

Zwiebel- und Knollenpflanzen im naturnahen Garten. Blütenpracht auf einen Blick Titel-Nr. 3-466-11085-8

Die fröhlichen, naturverbundenen Freizeit-Spielebücher:

Susanne und
Hubert Bruns

Spielen & Basteln Freizeitbuch

Spiele und Spielgeräte für den Garten   Mit ausführlichen Bauanleitungen

In diesem Spiele-, Bastel- und Freizeitbuch ist eine reichhaltige Anzahl von Spielen und Spielsachen für draußen zusammengetragen.
Über 60 originelle Spiele locken uns in den Garten!

128 Seiten
Mit über 300 zweifarbigen Abbildungen. Großformat.
Kartoniert DM 22.-
ISBN 3-466-11069-6

128 Seiten
Mit über 300 zweifarbigen Abbildungen. Großformat.
Kartoniert DM 22.-
ISBN 3-466-11075-0

Susanne und
Hubert Bruns

Die fröhliche Spielwiese

Über 80 lustige Spiele und Spielgeräte zum Selbermachen   Mit ausführlichen Bastelanleitungen

Eine kunterbunte Spielwiese mit Requisiten aus der Natur und originellem Spielzeug aus der Bastelwerkstatt!
Über 80 knifflige, spannende und lustige Spiele gegen jede Form von Stubenhockerei!